本书受2009年教育部人文社会科学基金青年项目（09YJC630161）、2009年北京市自然科学基金面上项目（9102003）、2011年度北京市人才强教计划中青年骨干教师"知识密集型服务业知识能力作用机制研究"项目资助。

经济管理学术文库·管理类

知识密集型服务企业的知识能力研究

The Research of Knowledge Capacity in Knowledge-Intensive Business Services

陶 峻／著

经济管理出版社
ECONOMY & MANAGEMENT PUBLISHING HOUSE

目 录

第一章 绪论 ………………………………………………………… 1

    第一节 研究背景与研究意义 ………………………………… 1

    第二节 研究内容与研究方法 ………………………………… 11

第二章 文献综述 …………………………………………………… 19

    第一节 知识密集型服务企业的总体研究现状 ……………… 19

    第二节 知识密集型服务企业相关研究文献综述 …………… 22

    第三节 知识及其管理的相关文献简述 ……………………… 38

第三章 知识密集型服务企业的发展历程与特征分析 …………… 55

    第一节 知识密集型服务企业的概念界定 …………………… 55

    第二节 知识密集型服务企业的发展历程与现状 …………… 67

    第三节 知识密集型服务企业的成长路径模型 ……………… 82

第四章 知识密集型服务企业的流程结构与特征 ………………… 95

    第一节 基于知识的知识密集型服务企业的核心能力 ……… 95

    第二节 知识密集型服务企业的核心流程分析 ……………… 102

第五章 研究设计 …… 117

第一节 过去研究的进展与本书的理论基础 …… 117

第二节 变量及调查问卷量表设计 …… 119

第三节 研究基本框架 …… 133

第四节 预调查研究 …… 136

第六章 研究结果与讨论 …… 143

第一节 数据的收集与描述 …… 143

第二节 数据信度分析 …… 148

第三节 结构方程模型与假设检验 …… 149

第七章 研究结论、管理策略和展望 …… 155

第一节 研究的主要结论 …… 155

第二节 促进知识密集型服务企业成长的管理策略和建议 …… 160

第三节 研究局限和后续研究建议 …… 162

附 录 …… 165

参考文献 …… 169

第一章 绪 论

随着知识经济时代的到来,知识在经济增长中的作用日益突出。管理大师彼得·德鲁克指出,在知识经济时代,知识将取代土地、劳动力、资本、设备成为最重要的生产要素。致力于知识创造和传播的知识密集型服务企业(Knowledge-Intensive Business Services,KIBS)是知识经济的关键推动力。但是与大型跨国公司相比,我国新兴的 KIBS 发展时间短、规模小,知识水平和盈利能力薄弱,在竞争中处于明显的劣势地位,而且对其微观层面的理论研究不够深入,因此除了在实务领域以外,尤其有必要在理论上加深对 KIBS 的研究。

第一节 研究背景与研究意义

随着知识经济时代的到来,知识和服务已经成为当今企业界提高竞争力最常涉及的两个关键主题,而将两者相结合的协助知识、技术和能力开发与传播的知识密集型服务企业,在 20 世纪 90 年代后半期开始受到理论界和实务界的双重关注。

一、研究背景

20 世纪 90 年代以来,市场的激烈竞争促使学者展开对企业经营环境的研究。Richard A. D'Aveni 在其著名的论著"Hypercompetition：Managing the Dynamics of Strategic Maneuvering"中指出，企业的经营环境已经处于一种高度竞争（Hypercompetitive）状态，市场变化难以预测，企业之间竞争与合作并存。在这种新的经营环境下，知识、服务和创新成为对企业的发展方向、经营模式和管理模式产生重大影响的三个要素。

（一）知识经济

全球化时代的来临，以及我国加入世界贸易组织（WTO）的影响，使我国众多企业必须面临经济上的转变与冲击。在全球经济一体化和信息化的带动下，全球经济发展呈现出一个显著特点：科学技术及知识在经济增长中的作用日益增强，主要表现为以现代科学技术特别是以 IT 为基础的知识密集型产业成为全球产业体系中的主导力量，高科技产品在国际贸易中的比重迅速增加，新的国际产业分工体系开始形成，以知识为基础的经济——知识经济正在到来。

在"知识经济"时代，除了专业化与企业化的经营之外，知识应用的价值更是未来所要着重之处。彼得·杜拉克（Peter Drucker）在 1993 年出版的《后资本主义社会》（Post-Capitalist Society）一书中提出了知识社会的概念，说明了知识在当今经济体系中的关键地位。他指出，知识已经成为当今唯一有意义的资源，知识资源是企业管理的重点。为了适应新的时代要求，也出现了新的管理范式以取代旧的管理范式，如表 1-1 所示。而正是这种微观层面的企业管理变革与知识经济的互动共同推动了知识经济的发生发展。①

表 1-1　新旧管理范式对比

内容	工业时代旧管理范式	知识时代新管理范式
组织结构	等级制	内部市场
目标和控制	盈利	企业共同体

---

① 金吾伦：《知识管理：知识社会的新管理模式》，云南人民出版社 2001 年版，第 24 页。

第一章 绪论

续表

内容	工业时代旧管理范式	知识时代新管理范式
管理系统	机构论的	有机论的
客户关系	销售	服务型企业
工作角色	雇员	知识企业家
生态界面	无限制的增长	智能增长
战略构成	计划	连续变化
指导和控制	权威	内部领导层
世界体系	旧资本主义对旧社会主义	民主企业

资料来源：金吾伦：《知识管理：知识社会的新管理模式》，云南人民出版社 2001 年版，第 16 页。

知识经济特别强调产品和服务的知识含量，有两个基本的途径可以创造知识化的产品和服务：一是将知识融入已有的产品和服务中，二是将拥有的知识转化为可以出售的产品和服务。这也就分别对应为台湾学者吴思华提出的发展知识经济必须进行的"产业知识化，知识产业化"。其中，产业知识化的含义在于：通过研发，使商品知识化，提高产品的知识附加价值，深化各个行业的知识含量，包括技术、创意、品牌、客户关系以及管理制度等。知识含量的增加，可以提高产品的附加价值，进而实现产业知识化。而知识产业化则指各行各业要习惯于把知识变成可交易的商品、可买卖的企业，特别是将无形产品和服务包括著作、技术、文化等通过高科技产业、高附加价值的传统产业、出版娱乐业、连锁经营业、专业服务业等方式，进行大量生产与销售。

知识经济也是以服务业为主导的经济。1996 年世界经济合作发展组织（OECD）在报告中指出，知识经济即将改变全球经济发展的形态，知识加服务将成为企业生产力提升与成长的主要因素。将知识和服务加以融合，出现了一个新的方向——知识密集型服务。知识密集型服务首先出现在咨询类、研发类（R&D）、会计师事务所、人力资源等知识密集型服务行业。这种知识密集型服务不但可以为现有的产品和服务提高附加值，而且具有更加广阔的服务创新空间，它们直接或间接来自对市场等相关信息和知识的掌握和利用。

欧美研究知识经济的学者已经指出，要提高企业的创新效率，绝不能忽视知识密集型服务企业的发展，它不只是知识流通的桥梁，还可能成为知识创造或创新的催化剂。知识密集型服务企业的兴起本身已经成为知识经济发展的一个重要特征。

中国加入世界贸易组织以后，国外知识密集型服务企业大举进入中国市场，这一方面促进了国内KIBS的发展，但同时也为中国本土KIBS的成长发展带来一些变数，这些变数将对我国这类基础薄弱的传统的第三产业企业产生巨大的冲击。发展知识密集型服务企业具有十分重要的意义，其意义不仅仅在于单纯被动应对世界贸易组织带来的挑战，更在于要利用KIBS来提高GDP的增长速度，促进产业结构优化。知识密集型服务企业这一崭新企业门类的出现，是知识经济时代到来的必然产物，也表明人们对基于知识产生和传播的服务在经济发展中的重要作用有了更加充分的认识。

（二）服务经济

早在20世纪60年代，美国现代化问题专家阿·英克尔斯就提出了现代化的10项标准，其中的第三项标准即是"第三产业在国内生产总值中占45%以上"。目前，服务业的产值与就业人口数，已经成为衡量一个国家经济发展水平的重要指标。

随着生产力的高速发展，世界各国的国民生产总值中各大产业所占的比重发生了显著变化，服务业在很多发达国家都已成为主导产业。美国的服务业总产值大大超过了其国民生产总值的增长速度，也提供了更多的就业机会，产业结构发生了重大的变化。据2011年统计数据显示，北美和西欧等发达国家的GDP所占比例中，服务业已经达到了75%以上，所提供的就业岗位也达到就业人口总数的60%~80%。

作为世界经济一大亮点的中国，服务业也于近几年取得了迅猛发展，赶超制造业已经只是时间问题。"九五"期间，我国服务业在整个国民经济中的地位日渐提高，按现价计算，服务业对经济增长的贡献率已经达到了40%以上，呈现出与工业并驾齐驱的态势。但40%的数字与发达国家相比还存在着很大的差距，这充分说明了我国整体经济结构不合理，服务业发展较为落后。

为进一步促进服务业的发展，原国家计委于2001年发布了《关于"十五"期间加快发展服务业若干政策措施的意见》，提出了优化服务业行业结构、扩大服务业就业规模等12个方面的政策措施。2010年《中共中央关于制定国民经济和社会发展第十二个五年规划的建议》中提出："加快发展服务业。把推动服务业大发展作为产业结构优化升级的战略重点，建立公平、规范、透明的市场准入标准，探索适合新型服务业态发展的市场管理办法……大力发展生产性服务业和生活性服务业，积极发展旅游业。拓展服务业新领域，发展新业态，培育新热点，推进规模化、品牌化、网络化经营。推动特大城市形成以服务经济为主的产业结构。"随后的"十二五"规划纲要中，明确提出"把推动服务业大发展作为产业结构优化升级的战略重点，营造有利于服务业发展的政策和体制环境……要加快发展生产性服务业、大力发展生活性服务业、营造有利于服务业发展的环境。"我国政府已经充分意识到服务业的发展对整体国民经济的巨大影响，大力发展服务业已经成为经济发展的重要领域。

虽然以整体GDP计算，中国的服务业发展还处于较为落后的阶段。但是在一些特大城市，服务业已经远超制造业和农业，成为GDP的主要来源。北京作为中国的首都，其服务业发展水平已基本与发达国家持平。2012年，北京地区第三产业总产值占GDP比重达76.4%，比2011年的75.7%呈逐年增长态势，这充分说明了北京地区服务业的发展水平已经具有较高的水平。在众多服务行业中，金融服务、信息服务、科技研发服务、商务服务以及物流服务业发展迅猛，是最具代表性的服务行业。

(三) 创新与知识密集型服务企业

哈佛大学著名教授迈克尔·波特在《国家竞争优势》一书中分析国家经济发展阶段和竞争优势时，提出了著名的四阶段理论，如图1-1所示。第一个阶段是生产要素导向（Factor-driven）阶段，其经济增长主要依靠要素投入，这些生产要素可能是土地资源、石油、矿产品、农产品或者不匮乏且廉价的劳动力，基本上是处在低收入水平；第二个阶段是投资导向（Investment-driven）阶段，这种国家竞争优势基于从政府到企业积极投资的意愿和能力，这个阶段政府积极实施城市化、加强基础设施建设，企业投资行动频繁，大量投资于现代化、高效率的技术，处于中等收入水平阶段；第三个阶段是创新导向（Innovation-driven）阶段，不仅大量进口技术，而且开始出口技术密集型产品，基本上是中等收入向高收入的过渡阶段；第四个阶段是富裕导向（Wealth-driven）阶段，也就是高收入阶段。在这个系统中，前三个阶段是国家竞争优势发展的主要力量，通常会带来经济上的繁荣。第四个阶段则是经济上的转折点，有可能因此而走下坡路。① 波特特别指出，国家经济的发展经常会有一个跃升期，随后则是时间较长也较混沌的变革期，② 而且国家的发展也并不必然严格地沿着这四个阶段一步一步往前走。

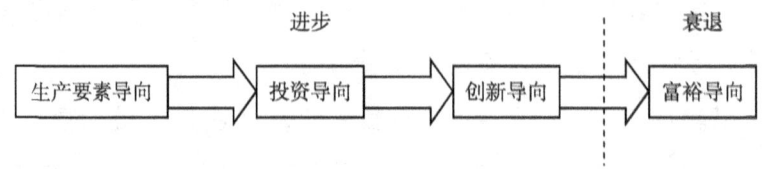

图 1-1　国家竞争力发展的四个阶段

资料来源：迈克尔·波特著：《国家竞争优势》，李明轩、邱如美译，华夏出版社2002年版，第530页。

中国目前正处于由第一阶段向第二阶段和第三阶段转化的转型期。以

---

① 迈克尔·波特：《国家竞争优势》，李明轩、邱如美译，华夏出版社2002年版，第530~531页。
② 同上，第547页。

外资投入为例，虽然中国目前外商投资大量增加，但是多集中于劳动密集型的加工行业，中国经济仍患有核心技术缺乏症。随着外资而来的是出口的大量上升，但由于中国没有获得相应核心技术的提升，因此仍处于出卖劳动力的市场阶段；产品和新技术仍由国外企业掌握，外资只是利用中国廉价劳动力去生产产品。中国面对的是资金过剩但缺乏核心技术，以DVD为例，在65项专利中，有自主权的共33项，但都不是核心技术；在电视机40项专利中，有自主权的18项，但也非核心技术，核心技术仍掌握在外资母公司手中。在整个产品价值链中，中国仍然处于下游位置，引入外资只带来就业，令中国社会繁荣而不富裕。[1]

因此，中国目前应该致力于提高产品和生产的知识和技术水平，归根结底就是要提高企业、城市、区域乃至国家的创新效率，这就需要提高知识的创造、流通和利用效果。[2] 对知识和服务的共同关注导致更加强调知识和服务的应用，服务也更多地参与到与知识相关的活动中去，并且试图通过这种方式来提高服务企业自身的创新能力，强化其在创新过程中的核心作用。

最简单的知识分类是将知识分为显性知识和隐性知识两种。分析这种知识的分类可以发现，近年来的信息技术网络的发展已经解决了提高显性知识流通与利用效率的问题。而且也有研究显示，信息技术对显性知识的流通与利用效率的促进作用，对经济成长已经产生了相当程度的贡献。而隐性知识由于往往附着于人或机器设备之上，其传播要依赖于面对面的传授与学习。服务业的重要特点即服务的生产和消费同时发生，以及客户参与服务过程，正好可以用来提高隐性知识的创造、流通与利用效果。因此，要提高创新效率，就需要大力发展知识服务市场，而知识密集型服务

---

[1] 曹仁超：《美国房地产高处不胜寒》，《证券市场周刊》，2005年第8期，第57页。
[2] 魏江、Mark Boden 等：《知识密集型服务企业与创新》，科学出版社2004年版，第27页。

知识密集型服务企业的知识能力研究

企业就是知识服务市场的主角。

二、研究动机与研究对象选择

由于对知识和服务的日渐重视以及知识密集型服务企业的迅猛发展，理论界涌现出了一些对提供知识的服务企业尤其是知识密集型服务企业的研究，但是这些研究在具体的研究对象和研究范围的界定上都存在着一定的差异，比较常见的有以知识作为主要提供物的知识型服务业和以组织作为服务对象的生产者服务业等。

本书的研究范围是知识密集型服务企业，这与生产者服务业界定的范围相当类似。生产者服务业是为生产服务的行业，这类服务企业把以活劳动形式存在的劳务产品提供给生产部门和企业，以满足生产的需要，这些劳务产品包括生产技术服务、信息咨询服务、生产设备维修安装服务、计算机运用服务、通信服务、设计勘探服务、技术鉴定服务等。为生产服务的行业发展迅速，而与此同时企业对于知识的需求日益加大，两者共同作用导致围绕着生产发展而迅速兴起了如广告业、咨询业、信息业以及会计、律师事务所等以提供专业知识为主的服务行业。而本书的研究对象就是这类以知识作为主要提供物，以企业或组织机构作为主要服务对象的服务企业，这类企业特别强调知识和创新，是知识经济和服务经济的重要组成部分。这类企业的界定与生产者服务业之间存在着细微的差别，例如，传统的运输仓储产业就属于生产者服务业，并不包括在本书的研究范围内；相反，现代化的物流产业则属于本研究的范围之内。国外将这类企业统称为 Knowledge-Intensive Business Services，目前国内对此也存在多种翻译，如知识密集型商业服务业等，本文按照目前研究界的惯例将其称为知识密集型服务企业，简称 KIBS。这类新兴服务企业蕴涵着密集的知识资产，以及驾驭这种知识资产的知识工人，通过知识和信息的运用，为各个经济部门创造了高额的附加值。①

国外研究指出，由于这类服务企业的共同特征导致其面临的问题和经济上的挑战基本相同。它们之间的差别主要是其人员技能和知识的差异所导致的。在传统观念中，KIBS只是基于成本考量组织认为没有必要自己完成的次要服务的提供者，但是现在它们却变成绝大多数工业企业价值链的重要组成部分。相当数量的组织委托KIBS代为执行思考和创新功能，而这类业务基本都是基于密切的合作关系、相互信任和公司的整体声誉。KIBS的收入来源是分享工业附加值。有调查指出，KIBS 75%的收入由七个重要的专业服务部门创造，分别是投资银行，审计、税务和会计咨询，商业法律咨询，营销沟通，管理和IT咨询，招聘和就业中介以及市场调研。这些都是目前在中国发展迅猛的行业，随着外资KIBS的大规模进入，中国本土的KIBS要在市场竞争中赢得优势地位，也需要通过理论界深入研究的成果对实践进行指导。

对KIBS的研究至今只有短短的十多年时间，但由于KIBS在知识经济中的重要作用，从一开始就引起了各国政府和研究机构的高度重视，涌现出了一系列调研报告和研究成果。目前国内外有关KIBS的研究主要集中于对KIBS的角色与本质的探讨，普遍认为KIBS所提供的服务具有定制化、高附加价值和高知识含量等多方面特征，KIBS在知识体系中的作用机理和创新范式等方面的研究也是目前学术研究的前沿问题。基于前期的研究积累，我们发现KIBS已有的研究多集中于探讨KIBS在产业集群、地区乃至国家创新体系和知识体系中的外部作用机制，强调外部效应，关注宏观、中观层面，KIBS的内部运作往往被视为"黑箱"服务的过程，其成长问题一直被理论研究所忽视。

与研究领域所受的关注相同，实务领域的知识密集型服务企业同样面

---

① 魏江、Mark Boden 等：《知识密集型服务企业与创新》，科学出版社2004年版，第5页。

临着巨大的发展机遇。然而，在与国外同类企业的竞争中，北京 KIBS 普遍存在着知识水平相对较低、规模较小、效率低下且停留于价格层面的竞争等一系列问题，只能选择服务于低端客户，盈利能力不高，这导致它们已经丧失了作为 KIBS 所特别强调的服务的高附加价值这一重要特性。有调查显示，绝大部分新创业的知识密集型服务企业的生存期不超过 5 年。随着服务业的进一步开放，KIBS 领域的竞争日益激烈，任何企业欲在激烈的竞争中生存发展，进退有据地抓住机遇、规避威胁、提升竞争力进而构筑适当的成长理论是不二之路。这一实际问题对现有的理论研究提出了直接的挑战，迫切要求理论界将对 KIBS 的研究由对其外部作用机制的关注转向对其内部企业个体成长的探讨。

与其他企业相比，KIBS 所处的市场环境独特，它与客户、供应商、竞争者乃至互补者在知识、产品和服务方面往往都存在大量的交互关系，企业之间的竞争与合作关系极为复杂，其成长问题绝不能直接套用一般企业或中小企业的成长理论。在对其企业特征进行深入分析的基础上，本书认为对 KIBS 成长的探讨，可以从关注 KIBS 如何利用高交互所带来的外部效益提升其知识能力进而促进自身成长这一内化过程入手。

另外，"企业的成长不见得要变得更大，但它必须变得更好"（德鲁克，1987），国外众多规模极小但极富生命力和竞争力的知识密集型服务企业已经给出了鲜明的例证。因此，KIBS 成长的关键绝不仅仅是规模的扩大和量的成长，更应该关注的是企业素质的提高，即质的成长。本书选择资源作为质的成长的切入点。KIBS 最核心的资源是知识。归根结底，知识只有两种来源——自身创造或外部获取。前者我们称为自主知识创新，知识创新对 KIBS 的重要性毋庸置疑，这也是研究关注的焦点问题之一。但对于国内目前大量中小型 KIBS 来说，由于自身资源限制，仅仅依靠自主创新来获取知识难度较大，因此强化知识的外部获取能力就成为提升 KIBS 知识水平的另一可行手段。在此我们引入战略管理中的"吸收能力"

（Absorptive Capacity）理论，以期能够更全面深刻地说明外部知识的获取问题。吸收能力（Cohen，Levinthal，1990）指企业辨识新的价值、获取外部知识、消化吸收并将此知识运用于商业目的上的能力。企业的吸收能力越强，则对于外界环境的经营掌握能力越高，也就越有机会将外溢知识引进企业内部。KIBS 的吸收能力是影响其知识能力和成长发展的关键要素。

基于以上分析，本书尝试从战略层面出发，探寻知识密集型服务企业知识能力与其成长之间的关系，通过知识创新能力和吸收能力两大变量分析其知识能力，系统提炼出知识创新能力和吸收能力的关系，并在此基础上分析研究如何通过强化知识创新和吸收能力两大方面促进企业成长。这不仅有助于转换 KIBS 的研究视角，构建 KIBS 基于知识能力的成长理论，也有助于保障中小型知识密集型服务企业的生存与发展。

第二节　研究内容与研究方法

受研究背景的启发，本书确定了知识密集型服务企业为研究对象，具体的研究内容、创新目标和研究方法如下：

一、研究内容

本书以资源基础论中的知识论作为研究企业成长的理论基础，将研究重点置于 KIBS 在其服务交互过程中如何通过提升个体的知识创新能力和吸收能力促进自身知识能力的成长，并在此基础上探究其知识能力与企业成长之间的关系。这不仅有助于转换 KIBS 的研究视角，也有助于保障 KIBS 的生存和发展，特别是对中小型 KIBS 如何应对国外企业带来的挑战具有十分重要的现实意义。

(一) 理论研究

本书将首先对知识密集型服务企业发展轨迹、相关研究和知识相关理论进行回顾，以期为进一步的深入研究提供可资借鉴的实践和理论基础，分析给出 KIBS 的相关概念并总结其发展现状。

(二) 知识密集型服务企业知识创新能力结构及其决定因素研究

遵循国内外 KIBS 与客户之间的互动创新过程以及制造业知识创造能力的众多研究成果，总结出有关 KIBS 知识创新能力的结构及其决定因素。并在文献梳理的基础上，运用深度访谈与内容分析等研究方法，给予必要的修正。即通过专家访谈对因素进行筛选，对筛选出的有代表性的企业进行案例分析，着重识别出影响其知识创新能力的决定因素。决定因素研究计划从结构性因素与运营性因素两方面入手。结构性因素侧重于关注 KIBS 企业的固有特征，包括所属行业、员工知识水平等；运营性因素则从企业内部运营和交互过程入手，探讨企业运营中涉及的哪些因素会直接对其知识创新能力产生影响，主要涉及知识存量、内部学习能力、外部学习能力、产品研发战略、研发投资等多方面。

(三) 知识密集型服务企业吸收能力结构及决定因素研究

Cohen 和 Levinthal（1990）将吸收能力（Absorptive Capacity）定义为"企业有能力去辨识新的价值、获取外部知识、消化吸收并将此知识运用于商业目的上"，吸收能力对 KIBS 的知识能力及生存发展至关重要。本书将在广泛收集国内外吸收能力研究的众多成果基础上，总结出吸收能力的体系结构及其若干决定因素，通过专家访谈对因素进行筛选，并结合对有代表性企业采用现场观察法，追踪其交互过程，识别关键步骤和核心方法。

初步计划探索 KIBS 吸收能力的决定因素主要基于过程分析来进行，具体通过三个过程阶段来分析，因此除问卷外需特别强调对案例企业交互过程的现场观察：①交互前的知识吸收能力。主要指企业原有的知识基础，即组织内部原有的知识能力。企业内部原有的知识基础可增加企业吸收与使用新知识的能力，包括基本技能、共享的语言以及对于相关领域是否拥有最先进的科学及科技发展知识等。因此，我们可以说原有知识基础是一种去确认新信息是否有价值，获得新信息并且在组织中扩散，而最后将新信息商业化的一种能力。另外，这一阶段涉及的因素还包括组织与外界环境的沟通结构及技术专家数目、公司的研发投入等。②交互过程中的知识获取能力。交互过程中的知识吸收能力包含"绝对吸收能力"和"相对吸收能力"两方面。"绝对吸收能力"是指KIBS在交互过程中的理解、消化及应用外部知识等方面的能力；而"相对吸收能力"则将概念扩张到师生关系上，也就是公司吸收的能力与师生公司的相对特质有关，包括师生在知识基础、组织结构等方面的相似性。③交互后的知识吸收能力。主要指已获取知识的内化问题，即交互结束后如何将交互过程中获取的知识与企业原有的知识基础相整合，具体可以从员工的学习能力和组织的学习能力两方面来衡量。

（四）知识能力与企业成长间的关系研究

利用案例分析和实证研究验证吸收能力、知识创新能力、知识能力与知识密集型服务企业成长各个维度之间的关系。了解知识能力对于此类企业成长的具体影响及影响路径，探索知识能力作用于知识密集型服务企业成长的动力机制。基于资源基础论中的知识论，本书的核心观点就是，KIBS类企业的知识能力与其成长之间密切相关。我们将采用结构方程对研究模型各变量间的拟合优度进行检验。

二、研究方法

研究方法是形成思想的方法和基本前提，它可以对研究的论题进行规范或指导，以避免研究中出现逻辑性错误。科学的研究方法是现代科学研究的主要指导工具，是研究成果得以实现的方法论保证。任何一种研究都离不开方法的指导，尽管这些方法可能会被研究者明确地表达出来或隐藏在研究者思想的背后。对所使用的研究方法进行探讨，有助于人们之间思想的交流与沟通，并可让隐藏在研究背后的基本逻辑和基本前提凸显出来，便于理解。

研究方法的选择主要应由研究问题的性质与目的而定。本书主要分析讨论知识密集型服务企业的知识能力与企业成长之间的关系，因此需要通过资料搜集、案例分析等方式获得分析依据，并通过对事实现象的提取来发掘出研究问题的关键因素。

本书的研究是借鉴战略管理理论的框架对这类服务企业进行探讨，从知识和战略角度研究中国其知识能力和企业成长。对于这种类型的研究对象，在研究方法上采用动态的、过程的观点探索和获取新的知识要比验证已有的知识更加有意义。因此，本书选择采用较具探索性的定性研究方法，以探求更丰富、更深入的信息，以适合于国内环境的角度发觉潜在性的问题，研究重点在于广泛搜集并挖掘关于研究主题的相关资料。具体来说，本书采用的定性研究除了案头研究工作，消化和吸收已有的文献以外，还借鉴了实证研究方法，对知识密集型服务企业的知识能力进行具体分析，并选取多家具有代表性的知识密集型服务企业作为主要研究案例，通过进行深入访谈来验证本书的研究成果。

总的来说，本书结合管理学研究的具体特点及研究对象的具体性质，主要使用了文献研究、深度访谈、案例研究及结构方程模型分析等研究方法。本书的研究将采用如图1-2所示的技术路线图。

(一) 文献研究法

文献研究是初步的理论探索，目的在于指引出后续研究的方向，所以文献分析是强调以系统而客观的界定、评鉴并综括证明的方法来确定过去事件的确实性，主要意义便是了解过去、解释现在以及推测未来。由于文

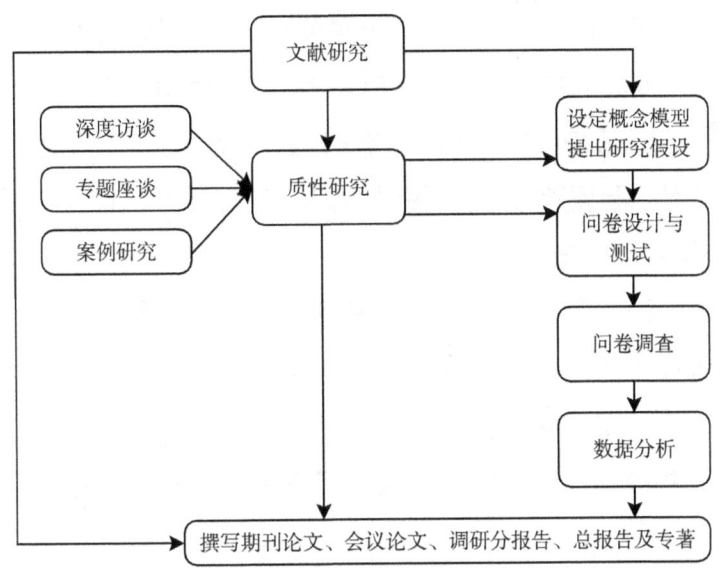

图 1-2 本书研究的技术路线图

献分析的事件多是过去而非现在,所以算是一种间接而非直接的非介入性观察,它的优点是可以超越个人在时间与空间上的局限,取得某些不易或不可能亲自印证或观察的资料。

本书大量阅读了国内外文献资料,对相关文献进行深入研究,并在文献研究和理论分析的基础上,结合 KIBS 和企业成长理论、知识管理理论的研究现状,提出初步的理论模型,同时简要阐述了立论依据。

本书所进行的文献研究,在理论方面以相关领域的文献作为研究的理论基础,包括各种有关知识、吸收能力、创新、KIBS 等多领域的文献,通过对相关领域文献的探讨,建构出基础的研究框架。

另一个研究的重点是大量实际的 KIBS 案例,主要通过各种相关媒体获得。众所周知,经济现象复杂多样,经济运行过程极富随机性和不确定性。而 KIBS 作为经济活动的重要组成部分,对其进行研究同样也非常困难。因此,本书主要尝试从复杂多样的案例与各有千秋的学术观点中提炼出普遍适用的原理和规则,对所掌握的文献资料进行系统整理与归纳。本书共收集中英文文献 120 余篇以及大量的案例资料,在对这些文献进行认真阅读、精心比较的基础上,归纳出有关知识密集型服务企业的多项重要命题与结论。同时利用大量来自文献的实际案例来证明某个论点的正确与否。鉴于本书以正在迅猛发展的KIBS作为研究对象,因此适当插入一些案例也能够起到验证和具体说明并帮助人们升华感性认识的功效。

(二) 深度访谈法

深度访谈法是通过与研究主题密切相关的受访者,以较深入的访谈来获得非常详细的信息,这些信息包括受访者的意见、价值、情感、表情、感觉等详细阐述的资料,目的就是发现受访者的观点、搜集特定事件的论调,并可随访谈对象或临场情境而弹性调整访谈内容,以获取更多的信息。①

深度访谈是定性研究中一种搜集资料的方法,它不像定量研究所强调的验证假设、找出因果关系,而是希望在实际的场景中去发现一些有关研究对象的真相;从执行面来看,深度访谈不利用事先准备好的量化问卷,而通常会使用非随机性但仍具代表性的小样本研究,以较长的时间进行深入的访谈。

本书为确保访谈进行与研究主题密切相关,采用半结构式访谈,事先拟定主题大纲与相关问题,期望通过与KIBS从业人员的讨论和企业资料的搜集,加深对知识密集型服务企业的了解。我们根据分类,对不同KIBS的管理人员、服务人员和客户进行深度访谈,并组织各类调查对象及专家进行专题座谈会,了解知识对互动服务过程和企业成长的影响,并在此基础上,修正、完善理论模型,充实立论依据,确定实证研究的具体方案。

(三) 实证研究

在实证研究部分,我们主要遵循以下过程。首先,设计问卷并进行测

---

① 钟伦纳:《应用社会科学研究法》,商务出版社1992年版,第173页。

第一章 绪论

试。我们在文献研究与质性研究的基础上,设计量表,初步形成调查问卷,然后根据专家意见及问卷测试结果对问卷的内容和结构进行反复修改,最终确定正式问卷。接下来组织实施正式问卷调查。借助于 SPSS、Amos 等统计分析软件进行数据分析,探索在服务交互情境下知识水平的影响因素、成长维度等各个变量之间的关系,探寻知识在 KIBS 成长中的作用途径。最后进行结果讨论。

第二章 文献综述

目前,世界各国都非常重视知识密集型服务企业的发展,知识密集型服务已经成为国际服务贸易的主体,大力发展 KIBS 已成为各国优化产业结构的重要举措。21 世纪初期,世界产业结构调整的总趋势是,高新技术产业化步伐进一步加快,只有改造后的传统产业才能赢得新的发展空间,知识密集型服务企业将成为拉动经济增长的主导产业,高新技术产业和知识密集型服务企业将得到蓬勃发展。本章将在对知识密集型服务企业的研究报告和论文进行整理的基础上,对国内外知识密集型服务企业的研究状况进行较为深入的讨论。

第一节 知识密集型服务企业的总体研究现状

从 20 世纪 90 年代开始,随着知识经济浪潮席卷全球,发达国家越来越注重知识的创造、扩散和应用,以增强自身在日益激烈的国际市场中的竞争力,因而一直被认为与促进知识经济发展密切相关的增强企业竞争力重要力量的知识密集型服务企业,也日益成为研究和关注的焦点。

1994 年以来,许多国际知名的研究机构兴起了对知识密集型服务企业的研究热潮。产生这种研究热潮的主要原因在于知识经济的兴起,而知识型企业与产业被认为与促进知识经济发展密切相关，因而对这类高附加价值与高度知识密集的企业角色与本质的探讨，以及这类企业如何对其他企业的知识创造产生影响等问题，受到了理论界的高度关注。

知识密集型服务企业的研究开始于 1994 年，是由 CRIC（the ESRC Center for Research in Innovation and Competition at the University of Manchester and UMIST）和 PREST（Policy Research in Engineering, Science and Technology）的负责人 Ian Miles 及其研究伙伴发起的。他们通过深入分析环境服务和信息技术领域的 15 个企业案例，发现某些特定的服务行业是新技术的传播者和代理机构，进而识别出这类服务企业并将其命名为知识密集型服务企业。

而对 KIBS 真正系统化的研究是在 1996 年由欧盟资助、挪威 STEP 集团组织的 SI4S（Services in Innovation, Innovation in Services）项目推动展开的。SI4S 项目在 PREST 和 CRIC 早期研究的基础上，考察了服务创新的各个相关领域。在 SI4S 项目中，PREST 与来自 9 个国家的研究机构共同合作致力于描述、理解和分析服务业的角色转化以及服务创新的相关领域。KIBS 以其自身的高度创新性和对于其他企业（制造类企业和其他服务企业）创新的促进作用引起了极大关注。[1] SI4S 项目历时近 4 年，提交了 3 份研究报告、两份调查报告和 16 篇相关研究论文；对知识密集型服务企业进行了具体的界定和说明；通过大量实证研究探讨了服务业的这一分支在客户组织创新过程中所起到的重要作用。到目前为止，SI4S 项目是有关知识密集型服务企业最为深入和系统化的研究之一。

另外，美国商务部、经济合作发展组织（OECD）也有一些相关的研

---

[1] SI4S 项目简介，曼彻斯特大学网站，http://les.man.ac.uk/PREST/Research/si4s.html，2004 年 11 月 18 日。

究成果问世。但是由于这些研究大部分是由欧美的国家政府和一些官方研究机构来推动进行的，因此主要侧重于对这类企业发展状况进行统计分析，以调研报告的形式居多。

中国台湾从2000年开始提出发展知识经济，尤其强调学者吴思华所提出的"产业知识化，知识产业化"。其中，产业知识化的含义是指通过研发，使商品知识化，提高产品的知识附加价值，深化各个行业的知识含量。而知识产业化则指各行各业要习惯于把知识变成可交易的商品、可买卖的企业，特别是将无形产品和服务，包括著作、技术、文化等，通过高科技产业、高附加价值传统产业、出版娱乐业、连锁经营业、专业服务业等方式进行大量的生产与销售。对知识经济的这种积极倡导促使台湾学术界关注欧美有关知识密集型服务企业研究。台湾经济研究院在2002年和2003年也分别给出了有关台湾知识密集型服务企业发展状况的研究报告。2005年杨家彦等学者对提升台湾知识密集型服务企业竞争力进行了具体研究。

国内对于知识密集型服务企业的研究起步较晚，最早正式提出这种说法的是在国务院发展研究中心2001年8月1日公布的研究报告《大力发展服务业是实现现代化建设第三步战略目标的需要》中。该报告首次提出将信息时代背景下的知识服务产业定义为知识密集型服务企业。从2003年开始，国内学者对于知识密集型服务企业的关注程度逐渐增加，真正意义上的理论研究也从那时开始。截至2012年10月，公开发表的与KIBS直接相关的学术论文达140篇，其中涉及创新的有54篇，涉及地区政策和发展的有18篇，涉及这一领域的专著有4本。其中由清华大学出版社出版的《服务创新》一书，用一节的篇幅概括介绍了部分国外较具代表性的有关知识密集型服务企业的研究成果，这是最早在专著中涉及KIBS讨论的。而由魏江与Mark Boden合著的《知识密集型服务企业与创新》则是魏江博士在PREST进行学术访问期间通过整合PREST和CRIC的现有研究成果,与国外著名专家合作撰写的,专著集中围绕着服务创新这一核心主题对 KIBS 进行了较为详细的分析和讨论。魏江和胡胜蓉的另一本专著《知识密集型服务企业创新范式》则对 KIBS 的创新过程、创新模式、互动机理、创新组织等问题进行了深入的研究。此外,魏江等学者还发表了一系列论文,主要集中于研究 KIBS 与制造业的互动创新,分析 KIBS 在产业集群中的功能,是目前国内研究中最具代表性的成果。刘顺忠(2008)教授的专著《知识密集型服务企业在知识系统中作用机理研究》则通过大量问卷调查实证分析建立了我国 KIBS 在知识系统中作用机理的系统分析框架。

第二节 知识密集型服务企业相关研究文献综述

一、知识密集型服务企业的定义

知识密集型服务企业,也译为知识密集型商业服务业,即 Knowledge-Intensive Business Services,一般缩写为 KIBS。目前国际国内的各项研究对其定义并没有达成一致。最早发表的有关知识密集型服务企业的论文是 1995 年 Ian Miles 等为 EIMS(The European Innovation Monitoring System)提交的一份研究报告。这份研究报告通过深入分析环境服务和信息技术领域的 15 个企业案例,发现某些特定的服务行业是新技术的传播者和代理机构,进而识别出这类服务企业并将其命名为知识密集型服务企业。当前普遍接受的定义就是由这项报告给出的,这个定义包括三个维度:①KIBS 是私人企业或组织;②KIBS 非常依赖于专业化知识,也即特定领域或学科的相关知识和技术能力;③KIBS 提供的是以知识为基础的中间产品和服务。①

具体分析上述定义可以看出，Miles 主要从组织性质、运作对象以及提供物内容三个方面对 KIBS 进行了界定。其中，"私人"的含义是相对于具有同种性质的"公共"部门而言的；"依赖于专业知识"是指 KIBS 运作的主要对象是某一领域内的专业性知识，而不同专业知识对应于不同的部门，因而 KIBS 是一个包含多个服务部门的分类，它不是一个独立的、只具有某种知识性质的分类；②"以知识为基础的中间产品或服务"是指 KIBS 提供的是一种以知识为主体的解决问题的方法，这种解决方法有很强的专业性，知识（技术）密集度很高，而且它提供的是一种中间产品或服务，因此面对的是组织的生产经营而不是最终消费者，这是 KIBS 区别于其他服务行业部门的一个显著特征，同时也是 KIBS 的职能之所在。

其他有代表性的定义包括，Hauknes（1998）认为 KIBS 是能力和技术密集型的、以信息为导向的服务，具有很高的客户参与性。③ Muller 和 Zenker 在 2001 年指出，"KIBS 是那些主要为其他企业提供高智力附加值服务的企业"。④ Muller 更进一步提出："知识密集型服务企业可以被定义为一种广义的咨询顾问类企业"。⑤

台湾学者王健全在 2002 年的一篇论文中将知识密集型服务企业定义为以提供技术知识（know-how）或专利权为主，并支援制造业发展的服

---

① I. Miles, N. Kastrinos, K. Flanagan, R. Bilderbeek, P. Hertog, W. Huntink, M. Bouman, "Knowledge-intensive Business Services: Users, Carriers and Sources of Innovation", Rapport pour DG13 SPRINT-EIMS, March, 1995, p.15.
② 蔺雷、吴贵生：《服务创新》，清华大学出版社 2003 年版，第 171 页。
③ Haukness, "Service in Innovation-Innovation in Services", SI4S Final report, STEP Group, Oslo, 1998, p.32.
④ Emmanuel Muller, "Innovation Interactions between Knowledge-intensive Business Services and Small- and Medium-sized Enterprises -Analysis in Terms of Evolution", Knowledge and Territories, New York: Physica-Verlag, 2001, p.3.
⑤ Muller, E., Zenker, A., "Business Services as Actors of Knowledge Transformation and Diffusion: Some Empirical Findings on the Role of KIBS in Regional and National Innovation Systems", Institute Systems and Innovation Research, No.R2, 2001, p.3.

务业或具技术背景的服务业。①

国内资料方面，国务院发展研究中心于 2001 年 8 月 1 日公布的研究报告《大力发展服务业是实现现代化建设第三步战略目标的需要》中将知识密集型服务企业定义为"运用互联网、电子商务等信息化手段的现代知识服务产业，其产品价值体现在信息服务的输送和知识产权上"。②

表 2-1 将学者和研究机构给出的 KIBS 定义按其发表时间进行了归纳，这可以增进读者对 KIBS 定义的了解。

表 2-1 知识密集型服务企业的定义

作者	定义
Miles 等（1995）	KIBS 是私人企业或组织；KIBS 非常依赖于专业化知识，也即特定领域或学科的相关知识和技术能力；KIBS 提供的是以知识为基础的中间产品和服务。
美国商务部（BEA）	KIBS 是指提供服务时融入科学、工程、技术等的产业或辅助科学、工程及技术推动的服务行业。
Hauknes（1998）	KIBS 是能力和技术密集型的、以信息为导向的服务，具有很高的客户参与性。
Antonelli（2000）	KIBS 公司提供可传播的科学与技术信息系统，这些 KIBS 企业是核心单位；KIBS 的职能是提供具有连接性及可接纳性的平台给部门及厂商，可视为一种知识所有者，供给信息、知识和技术的整体系统。
Tomlison（2000）	为通信业与商业服务业。
Muller（2001），Muller, Zenker（2001）	KIBS 可定义为广义咨询公司。KIBS 是那些主要为其他企业提供高智力附加值服务的企业。
国务院发展研究中心（2001）	知识密集型服务企业是运用互联网、电子商务等信息化手段的现代知识服务产业，其产品价值体现在信息服务的输送和知识产权上。
Nählinder（2002）	KIBS 是提供基于技术的知识密集型服务产品的商业企业，KIBS 及其客户均拥有受过良好教育的雇员，两者之间存在高水平的交互作用。
王健全（2002）	以提供技术知识（know-how）或专利权为主，并支援制造业发展之服务业，或具技术背景之服务业。

资料来源：作者整理。

---

① 王健全：《台湾知识型服务业的发展及其推动策略》，《经社法制论丛》，2002 年第 29 期，第 3 页。
② 金雪军、毛捷、何肖秋：《知识服务产业刍议——知识服务产业定义、特征、功能及业务流程分析》，《商业研究》，2003 年第 20 期，第 65 页。

第二章 文献综述

二、知识密集型服务企业的行业范围

有关 KIBS 的各项研究除了定义之外，在界定 KIBS 包含的行业范围方面也存在着相当大的争议，表 2-2 给出了一些较具代表性的研究成果。

表 2-2 知识密集型服务企业的行业范围

作者	行业范围
美国商务部（BEA）	信息服务、财务咨询、研发技术服务、网络服务、环境保护工程、生物科技与制药业服务、节能工程技术服务、运输仓储、传媒、报关、通信服务、全球物流服务等。
OECD（1999）	运输仓储及通信、金融保险不动产、工商服务、社会及个人服务等服务业。
Hertog, Bilderbeek 等 SI4S 项目（1998）	会计记账、建筑营建、金融保险、电脑电信、设计创意、环保技术、设计管理、技术培训、法律顾问、企业管理、市场分析、营销广告、新闻媒体、研发顾问、房地产服务、电讯、技术工程及技术培训。
Tomlison（2000）	银行与金融、保险业、附加金融服务、不动产经纪、法律服务、会计服务、其他专门技术服务、广告、电脑服务、其他商业服务、邮政服务、电信等服务业。
王健全（2002）	通信服务业、金融服务业、工商服务业、教育服务业、医疗保健服务业、信息服务工程及专门设计服务业、个人服务业、环境卫生及污染防治服务业、运输仓储服务业及研发服务业。
国务院发展研究中心（2001）	KIBS 包括计算机软件与信息加工服务、研究开发与测试服务、市场服务、商务组织服务（管理咨询、员工招聘服务）和人力资源开发服务等。

资料来源：作者整理。

基于国民经济行业分类 2002 版，我们认为本书涉及的知识密集型服务企业行业如表 2-3 所述。

表 2-3 KIBS 对应国民经济行业分类表

代码				类别名称	说　明
门类	大类	中类	小类		
G				信息传输、计算机服务和软件业	本类包括 60~62 大类。
	60			**电信和其他信息传输服务业**	
		601		电信	指通过电缆、光缆、无线电波、光波等传输的通信服务。
			6011	固定电信服务	指固定电话等电信服务活动。
			6012	移动电信服务	指移动通信等电信服务活动。
			6019	其他电信服务	指其他未列明的电信服务活动。
		602	6020	互联网信息服务	指网络公司通过互联网为客户提供的信息服务。

· 25 ·

续表

代码				类别名称	说明
门类	大类	中类	小类		
		603		广播电视传输服务	
			6031	有线广播电视传输服务	指有线广播电视网和信号的传输服务活动。
			6032	无线广播电视传输服务	指无线广播电视信号的传输服务活动。
		604	6040	卫星传输服务	指人造卫星的电信传输和广播电视传输服务。
	61			计算机服务业	
		611	6110	计算机系统服务	指提供计算机系统的设计、集成、安装等方面的服务。
		612	6120	数据处理	为用户提供数据的录入、加工、存储等方面的服务,以及使用用户指定的软件加工数据,并将结果返回给用户的活动。
		613	6130	计算机维修	指对计算机硬件及系统环境的维护和修理服务。
		619	6190	其他计算机服务	指计算机咨询和其他未列明的计算机服务。
	62			软件业	指专门从事计算机软件的设计、程序编制、分析、测试、修改、咨询;为互联网和数据库提供软件设计与技术规范;为软件所支持的系统及环境提供咨询、协调和指导;为硬件嵌入式软件及系统提供咨询、设计、鉴定等活动。
		621		公共软件服务	
			6211	基础软件服务	指为一般计算机用户提供的软件设计、编制、分析、测试等服务。
			6212	应用软件服务	指为专业领域使用计算机的用户提供软件服务,以及提供给最终用户产品中的软件(嵌入式软件)服务。
		629	6290	其他软件服务	指为特定客户提供的软件服务,以及与软件有关的咨询等活动。
J				金融业	本类包括68~71大类。
	68			银行业	
		681	6810	中央银行	指代表政府管理金融活动,并制定和执行货币政策的特殊金融机构的活动。
		682	6820	商业银行	指国有独资商业银行、股份制银行、城市商业银行、城市信用社、农村信用社等的活动。
		689	6890	其他银行	指政策性银行的活动。
	69			证券业	指对股票、债券、期货及其他有价证券的投资交易活动。
		691	6910	证券市场管理	指证券、期货市场的管理和监督活动。

第二章 文献综述

续表

代码				类别名称	说明
门类	大类	中类	小类		
		692	6920	证券经纪与交易	指证券、期货经纪代理人的代理交易活动；证券、基金的管理等活动；证券营业部的管理活动。
		693	6930	证券投资	指在证券市场从事股票、基金、债券、期货及其他有价证券的投资等活动。
		694	6940	证券分析与咨询	
	70			保险业	
		701	7010	人寿保险	指主要提供养老等人寿保险和再保险的活动。
		702	7020	非人寿保险	指主要提供除人寿险以外的保险活动和再保险活动。
		703	7030	保险辅助服务	指保险代理、评估、监督、咨询等活动。
	71			其他金融活动	指银行、证券、保险以外的金融活动。
		711	7110	金融信托与管理	指代理资金、财产的信托、管理活动，以及基金的托管人活动。
		712	7120	金融租赁	
		713	7130	财务公司	指经人民银行批准，为企业融资服务的金融活动。
		714	7140	邮政储蓄	
		715	7150	典当	指以实物质押的放款活动。
		719	7190	其他未列明的金融活动	指上述未列明的金融活动。
L				租赁和商务服务业	
	74			商务服务业	
		741		企业管理服务	
			7411	企业管理机构	指不具体从事对外经营业务，只负责企业的重大决策、资产管理，协调管理下属各机构和内部日常工作的企业总部的活动，其对外经营业务由下属的独立核算单位或单独核算单位承担。
			7412	投资与资产管理	指政府主管部门转变职能后成立的国有资产管理机构和行业管理机构的活动；非金融性投资活动。
			7419	其他企业管理服务	指其他各类企业管理机构、派出机构，以及为企事业、机关提供后勤服务的活动。
		742		法律服务	指律师、公证、仲裁、调解等活动。
			7421	律师及相关的法律服务	指在民事案件、刑事案件和其他案件中，为原、被告双方提供法律代理服务，以及为一般的民事行为提供法律咨询与服务。
			7422	公证服务	
			7429	其他法律服务	

续表

代码				类别名称	说明
门类	大类	中类	小类		
		743		咨询与调查	
			7431	会计、审计及税务服务	
			7432	市场调查	
			7433	社会经济咨询	
			7439	其他专业咨询	指社会经济咨询以外的其他专业咨询活动。
		744	7440	广告业	指在报纸、期刊、路牌、灯箱、橱窗、互联网、通信设备及广播电影电视等媒介上为客户策划、制作的有偿宣传活动。
		745	7450	知识产权服务	指对专利、商标、版权、著作权、软件、集成电路布图设计等的代理、转让、登记、鉴定、评估、认证、咨询、检索等活动。
M				科学研究、技术服务和地质勘查业	本类包括75~78大类。
	75			研究与试验发展	指为了增加知识（包括有关自然、工程、人类、文化和社会的知识）以及运用这些知识创造新的应用所进行的系统的、创造性的活动。该活动仅限于对新发现、新理论的研究，新技术、新产品、新工艺的研制。研究与试验发展包括基础研究、应用研究和试验发展。
		751	7510	自然科学研究与试验发展	
		752	7520	工程和技术研究与试验发展	
		753	7530	农业科学研究与试验发展	
		754	7540	医学研究与试验发展	
		755	7550	社会人文科学研究与试验发展	
	76			专业技术服务业	
		761	7610	气象服务	指气象的观测、预报和服务等活动。
		762	7620	地震服务	
		763	7630	海洋服务	指地震监测预报、震灾预防和紧急救援等防震减灾活动。
		764	7640	测绘服务	
		765	7650	技术检测	指通过专业技术手段对动植物、工业产品、商品、专项技术、成果及其他需要鉴定的物品所进行的检测、检验、测试、鉴定等活动，包括认证活动。
		766	7660	环境监测	指对环境各要素，对生产与生活等各类污染源排放的液体、气体、固体、辐射等污染物或污染因子，以及对生态系统指标进行的测试与监测活动。
		767		工程技术与规划管理	

第二章 文献综述

续表

代码				类别名称	说明
门类	大类	中类	小类		
			7671	工程管理服务	指与建筑工程有关的工程筹建、计划、造价、资金、预算、场地、招标、咨询、监理等服务活动。
			7672	工程勘察设计	指建筑施工前的工程测量、工程地质勘察和工程设计等活动。
			7673	规划管理	指对区域和城市、集镇、村庄的规划,以及其他规划活动。
		769	7690	其他专业技术服务	指上述未列明的专业技术活动。
	77			**科技交流和推广服务业**	
		771	7710	技术推广服务	指将新技术、新产品、新工艺直接推向市场而进行的相关技术活动,以及技术推广和转让活动。
		772	7720	科技中介服务	指为科技活动提供社会化服务与管理,在政府、各类科技活动主体与市场之间提供居间服务的组织,主要开展信息交流、技术咨询、技术孵化、科技评估和科技鉴证等活动。
		779	7790	其他科技服务	指除技术推广、科技中介以外的其他科技服务。
	78			**地质勘查业**	指对矿产资源、工程地质、科学研究进行的地质勘查、测试、监测、评估等活动。
		781		矿产地质勘查	指对固体、液体、气体及混合体的矿产资源的地质勘查活动。
			7811	能源矿产地质勘查	
			7812	固体矿产地质勘查	
			7819	其他矿产地质勘查	
		782	7820	基础地质勘查	指区域、海洋、环境和水文地质勘查活动。
		783	7830	地质勘查技术服务	指除矿产地质勘查、基础地质勘查以外的其他勘查和相关的技术服务。

资料来源:根据《国民经济行业分类》(GB/T4754-2002)表格整理所得。

三、知识密集型服务企业的分类

KIBS 所包含的行业类型相当丰富。正如 Muller 和 Zenker 在 2001 年曾经指出的,"对 KIBS 概念的一般性界定并不能反映出 KIBS 本身形式和活动的多样性"。① 因此，除了给出定义和包含的范围以外，有学者尝试通过对知识密集型服务企业进行具体的进一步分类来实现对这类企业的分析和范围界定。

例如，OECD（1996）将知识密集型服务企业分为邮电通信业、金融保险业和商业服务业。金雪军等把知识服务业分为技术服务（硬知识服务）、咨询服务（软知识服务）和电子商务服务（混合知识服务）。② 台湾经济建设主管部门根据 OECD 的分类将具有一定影响程度的知识密集型服务企业分为传统专业型（包括金融服务业及其他工商服务业）、研发支持型（包括管理与中介、研发业、技术交易中介服务业、创业投资基金、信息分析服务业、产业教育服务等）、研发周边型（工业设计服务业、专业的测试与验证服务）、技术型（通信服务业、供应链服务、自动化服务业、全球运筹服务、物流服务业、电子商务等产业）。韩国科技政策研究院（Science 和 Technology Policy Institute，STEPI）根据 KIBS 所运用的知识形态将其区分为通信管理服务业、研发服务业、管理咨询服务业、信息科技咨询服务业、就业代办服务业、工程咨询服务业及培训服务业等。

台湾学者林炳中提出可以依据 KIBS 对制造业贡献职能的差异将其分为三个部分，分别为周边支援型知识密集型服务企业、与生产技术直接或间接相关的技术型知识密集型服务企业、专业型知识密集型服务企业。其中，周边支援型知识密集型服务企业主要是为因应知识经济时代的来临，强化科技发展与科技交易和流通的新型服务业，如技术交易、技术市场、知识产权保护等，起到的是一种基础设施的角色，其完善发展有助于知识技术的发展、交易与流通；技术型知识密集型服务企业主要是指新型科技

---

① Muller, E., Zenker, A., "Business Services as Actors of Knowledge Transformation and Diffusion: Some Empirical Findings on the Role of KIBS in Regional and National Innovation Systems", Institute Systems and Innovation Research, No.R2, 2001, p.3.

② 金雪军、毛捷、潘海波：《中国知识服务业发展问题探析》，《软科学》，2002 年第 3 期，第 12 页。

的开发衍生出的服务业,或是制造业分工细化所产生的服务业,这类服务业的专业技术和知识含量很高,是产品和服务生产过程中的重要投入,对产品与服务的创新、竞争力的提升有实质贡献;专业型知识密集型服务企业包括传统的商业服务业与金融业,这类服务企业由于信息通讯技术的应用,而不断改变其服务模式,如网上银行等。[①]传统 KIBS 服务的方向也会因为技术含量的增加而有所改变,例如许多传统的会计审计事务所也开始向公司财务咨询和其他咨询领域扩展。

目前最为广泛接受和采用的是由 Miles 在 1994 年提出的"两分法",将知识密集型服务企业分为两类,分别称为 KIBS I 和 KIBS II 。在他的这种分类中,KIBS I 是大量使用新技术新知识的传统专业服务企业,这类 KIBS 是与技术相关性较弱、技术知识含量较低的传统专业性服务,例如广告、营销等;而 KIBS II 也被称为 T-KIBS,是提供新技术新知识的新型服务企业,这类 KIBS 与技术有较强的相关性,技术知识含量较高,包括软件设计和其他计算机相关的咨询和技术支持活动等。这两种 KIBS 具体包括的主要类型如表 2-4 所示。不过很明显,这种分类只是一种一般性的区分,还是存在着某种程度的重叠,某些服务行业会交错出现在两种服务类型中。如管理咨询服务,不包含新技术的就属于第一类,包含新技术的就属于第二类。

学者们目前的研究更加关注 KIBS II ,也就是"T-KIBS"。Builderbeek 和 Hertog 等学者还按 T-KIBS 在产生和传播与技术有关的知识资源过程中与技术的关联和所起的作用将 T-KIBS 划分为"明确的 T-KIBS"和"潜在的 T-KIBS"两类。前者与技术(创新)有着非常明显的直接关联,它主要存在于"计算机和 IT 相关产业"中,同时还包括其他一些与计算机

---

① 林炳中:《知识服务时代之知识密集服务业探索》(经济部研究报告),台湾经济研究院,2002 年,第 6 页。

知识密集型服务企业的知识能力研究

表 2-4 KIBS 的分类

类型	KIBS Ⅰ	KIBS Ⅱ
定义	传统的专业服务企业，大量使用新技术	基于新技术的 KIBS
行业范围	营销/广告 培训（除新技术外） 设计（除新技术外） 一些金融服务（证券和股票市场相关业务） 办公室服务（不包括包含新办公设备的服务，不包括清洁等物理服务） 管理咨询（除新技术外） 法律服务 建筑服务（例如，建筑设计、调查、施工工程） 会计，审计 环境服务（除新技术外，例如环境法规、废弃物处理服务）	计算机网络/远程信息处理 一些远程通信服务（尤其是新技术商业服务） 软件 其他计算机相关服务，如设备管理 新技术培训 包含新技术的设计 包含新办公设备的办公室服务 建筑服务（主要包括新信息技术设备，如建筑能力管理系统） 包含新技术的管理咨询 技术工程 包含新技术的环境服务 研发咨询

资料来源：Miles I., Kastrinos N., Flanagan K., Bilderbeek R., Hertog P.D., Huntinnk W., Bouman M., "Knowledge-Intensive Business Services: Their Roles as Users, Carriers and Sources of Innovation", PREST, Manchester, 1994, pp.19-20.

有关的服务活动，如计算机培训等。后者在创造和传递与技术有关的知识资源过程中与技术的关联不紧密，不直接针对技术，只提供与技术相关的服务，因此它是一种"潜在"的 T-KIBS。形成这两种 T-KIBS 类型的根本原因在于这两类服务企业在经济部门中扮演着非常不同的角色、发挥着不同的职能，同时与技术知识之间的关系也存在极大差异，[①]如表 2-5 所示。

表 2-5 T-KIBS 类型

类型	明确的 T-KIBS 类型	潜在的 T-KIBS 类型
行业范围	硬件咨询服务 软件咨询和供应服务（数据库服务，数据处理服务） 办公保养和维护服务 与计算机有关的服务活动 IT 服务 研究和实验性发展服务 有关自然科学和工程科学的研发 社会科学和人类科学研究 建筑和工程活动以及相关技术开发 技术测试和分析	与技术有关的出版服务 机器、设备的相关服务 物流服务和相关的运输服务 通讯服务业中的 T-KIBS 专利办公室的服务 与技术有关的市场研究活动 与技术有关的经济管理咨询 与技术有关的劳动力招募和供给服务 与技术相关的培训服务

资料来源：Biderbeek R., Hertog P.D., Marklund G., Miles I., "Services in Innovation: KIBS as Co-producers of Innovation", The results of SI4S Syndissertation Paper 3, SI4S Project, 1998, p.5.

---

① 蔺雷、吴贵生：《服务创新》，清华大学出版社 2003 年版，第 171 页。

四、生产者服务业（Producer Service）① 相关理论回顾

生产者服务业是与知识密集型服务企业在定义和范畴方面相当接近的一类服务企业，而且对于生产者服务业的研究要远远多于对 KIBS 的研究，因此本书一并回顾生产者服务业的相关研究状况，并区分这两类服务企业之间的差别。

（一）生产者服务业的定义与范围

表 2-6 给出了本书结合国内和台湾学者的研究成果整理的生产者服务业的定义及其行业范围。

表 2-6 生产者服务业定义与产业范围

作者	定 义	行业范围
美国商务部（BEA）	分为两类： 1. 联合生产者服务业（affiliated）：总公司与其生产者服务业子公司间的服务活动，此种生产者服务业多半出现在大企业的跨国托拉斯组织中，约占所有生产者服务业的 10%。 2. 独立生产者服务业（unaffiliated），该类型是指生产者服务业直接对商业、个人厂商甚至政府提供服务，约占所有生产者服务业厂商的 90%。	商业及专业技术（如电脑、工程、法律、广告及会计服务）、教育、金融、保险、电子通信、外国政府等。
Machlup（1962）	生产者服务业必须是知识产出的产业。	
Browning & Singelman（1975）	按照服务的功能进行界定，提出生产者服务业为知识密集产业，为客户提供专业性服务。	通信，银行，信用与金融，保险，房地产，工程及建筑服务，会计，多种商业服务，法律等。
Ashton & Sternal（1978）		广告，企业咨询，法律与会计；研发服务，审计，工程、测量、建筑服务。
Hubbard & Nutter（1982）	生产者服务业是消费者服务以外的服务业。	
McCrackin		商业服务，专业服务。
Noyell & Stanback（1984）	生产者服务业是一种中间投入而不是最终产出。	
Drennan（1989）	中间性输出必须在投入产出表中占全部输出的 40% 以上，这些输出必须是经常性的、信息密集的而且必须以知识工人为主。	

---

① 国内也有翻译为生产性服务业。

续表

作者	定义	行业范围
Grubel & Walker (1989)	生产者服务业不是直接用来消费,直接产生效用的;它是用来生产其他产品或服务的中间投入。	
Niles (1990)		金融、保险、运输、传媒、会计、研发、数据处理、人才培训。
Juleff (1996)	生产者服务业是依靠制造部门,提供其所需的服务企业。	
吴智刚、段杰、阎小培 (2003)	生产者服务业是指那些不直接参与生产或者物质转化,但又是任何工业生产环节中都不可缺少的活动,即指那些为社会物质生产提供各种非实物形态的服务性产业。	金融保险业、房地产业、信息咨询服务业、计算机应用服务业、科学研究与综合技术服务业、邮电通信业与交通运输业、进出口贸易业。

资料来源:作者整理。

(二) 生产者服务业与知识密集型服务企业的差别

由于生产者服务业的定义和范畴和 KIBS 非常相似,Browning 和 Singelmann 更是直接将生产者服务业定义为知识密集型的服务业,且为客户提供专业性服务,因此有必要比较一下两者的差别。

1. 企业的界定依据不同

知识密集型服务企业的界定依据是产业的主导要素,即知识。而生产者服务业界定的依据是它的服务对象,也即产业职能或功能,其出发点是为企业和生产者提供服务。

2. 包含的行业范围有一定的差异

大多数研究都认为咨询、广告和市场研究,审计及法律服务,研发等属于生产性服务,这同时也是知识密集型服务企业的重要组成部分。两者的差异主要存在于商业服务中技术和知识含量较低的服务,如传统的交通运输业、保洁服务等,这是生产者服务业的范畴,但并不属于知识密集型服务企业。简单来说,知识密集型服务企业的范围要略小于生产者服务业,也即可以认为知识密集型服务企业是指服务的知识含量较高的生产者服务业。

五、知识密集型服务企业的外部角色研究

由于 KIBS 对促进知识经济发展的特殊作用，因此有关 KIBS 的研究大量集中于对其承担的外部角色的分析。

Hauknes（1998）从知识角度提出，KIBS 对企业和研究机构之间的互动知识学习、信息交流起着主要作用，它在技术和商业技巧本地化过程中充当知识转换者、问题解决者和知识生产者的角色。他还指出，KIBS 是国家或区域创新系统中技术性和非技术性创新的使用者、驱动者和转移者。Blundvall（2000）提出了相互作用学习和客户—生产者关联等方法，分析 KIBS 与客户之间的交互作用，认为交互作用的存在引发了和客户间大量的知识生产和流动。但是他们对于这个过程的转变机制都没有进行进一步的分析。在 Hertog 等的研究基础上，Strambach（2001）分析了知识获取、生产和传播的过程，为分析服务创新中的知识创造提供了分析的基础。Nicoletta Corrocher（2008）等学者用实证的方法研究了意大利伦巴第地区的知识密集型服务企业创新模式，将其分为交互创新、产品创新、保守创新和技术组织创新。Poh Kam Wong 等（2005）研究了新加坡知识密集型服务企业与制造企业之间的创新行为，研究指出社会资本是知识密集型服务企业为制造企业客户提供的最重要的创新支持。

在与客户创新的关系方面，Miles（1997）从宏观层面指出，在以技术为基础的知识密集型服务中，创新需要通过不同层面知识的某种独特组合实现。Bilderbeek 和 Hertog 等（1998）指出 KIBS 在客户企业的创新中扮演的三种角色：创新推动者、创新运载者与创新来源。Howells 等（2000）还特别指出，KIBS 日益显示出其对制造业创新的主导作用，出现了服务业创新带动制造业创新的格局，如汽车制造业与金融业创新的结合和互动。Hertog（2000）认为 KIBS 与制造业集群核心价值链上的企业间通过合作进行创新。在创新过程中，除了有形知识传递外，基于过程和五

行的知识流动更加重要。Muller和Zenker（2001）提出KIBS在创新过程中具有双面性：一方面，它们作为内部知识源为客户企业带来了外部新知识，促进了企业技术创新；另一方面，KIBS引导企业进行内部创新，提供更高质量创新平台，最终产生经济绩效和增长。徐建敏、任荣明（2007）通过四个成功的案例论述了创新类型；魏江等（2009）分析了知识密集型服务企业创新组织与创新绩效之间的关系，并通过实证研究揭示了定制化与标准化知识密集型服务企业创新组织与创新绩效之间关系的差异性；樊春、胡胜蓉和魏江（2010）提出知识密集型服务企业与制造企业互动创新的三类界面——销售式界面、咨询式界面和联盟式界面，提炼出七个影响互动创新绩效的主要因素，进而分析了不同界面下这些因素对互动创新绩效影响的机制，并通过实证研究对影响机理进行了验证；范钧（2011）通过实证调研分析了社会资本对KIBS中小企业客户知识获取和创新绩效的影响；刘顺忠教授的论文（2009）则通过调研，指出KIBS的竞争优势要通过提高服务创新、服务质量、服务营销和服务特性来实现。

六、知识密集型服务企业集群的研究

KIBS的实证调研报告多集中于集群方面。有多项调研报告指出，KIBS在其空间分布上具有相当高的集聚性，往往高度集中于商业中心城市，尤其是商业中心城市的中央商务区，如美国曼哈顿、伦敦商务区等。英国工贸部的研究（Miller等，2001）表明，大伦敦区聚集了全英最重要的服务业集群，包括伦敦市中心的商业性服务集群，伦敦市区的金融服务业集群，伦敦Soho区的电影、电视等媒体制作集群。

对产业集群的研究早期可追溯到马歇尔。19世纪初期手工业时代的欧洲出现了一些基于地理环境、资源禀赋和历史文化原因所形成的产业集聚，这种现象引起了国外一些经济学家的重视与研究。第一个较系统研究产业集聚现象的经济学家阿尔弗雷德·马歇尔（Marshall，1890）认为，外部经济将导致企业在同一区域集中的现象。他在《经济学原理》(1920) 中指出"产业集聚可以带来外部经济，包括外部规模经济和外部范围经济，这种经济往往能因许多性质相似的企业集中在特定的地方——即通常所说的工业地区分布而获得"。① 自马歇尔 (1890) 以来，集中于制造业及工业集群方面的研究成果已有很多。然而许多学者 (Moullaert 和 Gallouj 等) 指出，制造业集群的理论与模型恐怕并不适合服务业。由于服务业强调为客户提供定制服务，其创新的信息、专门的知识和技能有别于生产产品的制造企业。Moullaert 和 Gallouj (1993)，Storper (1995)，Pinch 和 Henry (1999) 研究指出，来自距离最小化的交易成本节约，其自身不足以解释高附加值和知识密集型集群活动的持续增长。相反，对这些企业举足轻重的是获取当地化和相对不流动的隐性知识以及知识外溢。同时有研究指出，对 KIBS 集群的研究需要包含越来越重要的全球网络、客户与集群企业间的联系 (Amin 和 Thrift, 1992; Keeble 等, 1998)。

Nachum 和 Keeble (1999、2000a) 深入研究了伦敦中心区的媒体集群，他们发现了地方化集体学习过程作为媒体集群创新和活力主要源泉的有力证据。为进一步验证此结论的适用性，Keeble 和 Nachum (2001) 详细调查了伦敦和南英格兰的 300 家中小型管理和工程咨询类企业，试图解释知识密集型服务企业为何会聚集在像伦敦这样的大都市的中心地带。他们发现，KIBS 在空间上的集群更多的是为了追求企业间商务合作及全球化网络所提供的外部联系、知识交流的便利性和互补性以及高知识含量的劳动力市场。魏江 (2007) 指出，知识密集型服务企业通过生产、重组、传播知识作用于集群创新过程，并总结了产业集群内知识密集型服务企业与产业集群发展的互动模式；朱海燕和魏江 (2009) 分析了知识密集型服务机构对集群网络结构的影响及其演化动力因素。

---

① 马歇尔：《经济学原理》，商务印书 1964 年版，中译本，第 284 页。

第三节 知识及其管理的相关文献简述

知识密集型服务企业是顺应组织对知识的需求而产生和发展的,而认识到知识在组织经营管理领域的重要性,是以1965年管理大师彼得·杜拉克提出"知识将取代土地、劳动力、资本、设备,成为最重要的生产要素"为开端的。此后,管理学界日益重视对知识的研究,并且更加强调知识对企业经营管理的重要作用,学者们开始基于企业管理的具体实践研究知识的特性,并对知识进行分类。本书的研究对象是知识密集型服务企业的知识能力,因此所讨论的知识理论也主要限于企业营运所涉及的知识及其管理理论。

一、知识的定义和性质

知识的概念存在已久,由于知识在每个活动领域中代表的含义有所不同,因此人们根据不同学科、出于不同目的对知识给出了各种不同的定义。汪丁丁曾经通过考证指出,知识这个词源于古希腊语的"gnoo-(knowledge)"。这个词根包括三个层次的含义:第一个层次是"私人性的"、"亲切的";第二个层次是"记忆的"、"专家意见的";第三个层次是"系统的"、"科学的"。汪丁丁指出,在现代的英文单词"knowledge"里,知识的第一层次含义已经消失了。

(一) 知识的定义

根据韦氏(Webster)词典1997年的定义,知识是通过实践、研究、联系或调查获得的关于事物的事实和状态的认识,是对科学、艺术或技术的理解,是人类获得的关于真理和原理的认识的总和。

第二章 文献综述

1993年彼得·杜拉克在《后资本主义》一书中指出：知识在每个活动领域中所代表的含义不同，在企业经营活动中的定义会比学术或教育领域狭隘。在新的经济体系里，知识并不是和人力、资本或土地等并列为制造资源之一，而是唯一有意义的一项资源。① 他认为新社会的独特之处，在于知识正是资源本身，而非仅是资源的一种。

美国学者Thomas H. Davenport和Laurence Prusake则认为知识是一种有组织的经验、价值观、相关信息及洞察力的动态组合，它所构成的框架可以不断地评价和吸收新的经验和信息，它起源于并且作用于有知识的人们的大脑。在组织结构中，它不但存在于文件或档案中，还存在于组织机构的程序、过程、实践及惯例之中。②

知识管理领域的著名学者Nonaka（野中郁次郎）则提出，在企业经营活动领域，知识涉及信仰和承诺（组织愿景与职责）、行动与目的（利润导向）、意义（必须和特殊情境相呼应，也要迎合组织内部的需求和发展）。③

一个更为广泛引用的定义是OECD提出的将知识分为四类的定义方法：知道是什么（know what）指有关事实方面的知识，这种知识类似于信息；知道为什么（know why）指自然原理和规律方面的科学理论，这类知识在多数产业中支撑着技术的发展、产品和工艺的进步，并可能在实践中不断修正、更新和再生产，一般依赖于专门的机构如研究单位和大学来完成；知道怎么做（know how）指做事的技艺和能力，包括技术、技巧和诀窍等，这类知识创造着人类的现代文明，如生产汽车、建筑施工等；知道是谁（know who）指知道谁会做某些事的信息，它包含了特定社会关系

---

① Druker, P.F., "Post-Capitalist Society", New York: Harpercollins, 1993, p.15.
② 托马斯·H.达文波特、劳伦斯·普鲁萨克：《营运知识：工商企业的知识管理》，王者译，江西教育出版社1999年版，第7页。
③ 野中郁次郎：《日本公司创造知识之理论与经验》，免费电子图书网站，http://www.itebook.net/disquisition/2005/3-3/23285-5.html，2005年2月15日。

的形成,即有可能接触有关专家,并有效地利用他们的知识,对现代管理者和企业而言,重要的是要利用此类知识对加速变化的市场做出响应。

由于知识的概念非常宽泛和抽象,因此并没有对于各个领域来说公认的"权威"的定义,对于企业经营管理者来说,对知识的研究主要集中于研究知识的分类和传播模式,并从满足组织目标,如提高组织效率、促进组织发展等出发点来理解知识,关注知识的管理学特性。

(二) 数据、信息和知识

要加深对于知识的理解,区分知识、信息与数据的差别很重要。

具体来说,数据是一系列关于事件的离散的客观事实,它反映的是变量的测量值,直接来自于传感器。在组织中,数据通常是事项的结构化记录,数据是产生信息的原材料,但是,数据本身没有意义,它不能说明自己的重要性和相关性。[①]

信息是指数据及其相关含义,例如人们对数据进行系统的采集、组织、整理和分析的结果。当数据按照一定的关系加以组织,根据一定的关系进行选取、排列,并被置于一定的情景中时,就成为信息。换言之,信息就是经过整理的、存在一定关系的并且依托特定场景的数据,即信息 = 数据 + 整理。

但是信息本身并非知识,知识是指思考内涵的抽象替代体,例如针对特定用户的需求和问题,在信息分析的基础上提供的解决方案才是知识。只有当人们通过体验、解释、沟通等方式对信息进行积累、加工时,才能获得知识。知识能够直接应用于决策与行动,因而是一种更高形式的信息。Nonaka认为,知识不同于信息主要表现在两个方面:首先,知识与人的信念和理解有关,知识包含人的立场、观点和目的。其次,知识跟

---

① 托马斯·H.达文波特、劳伦斯·普鲁萨克:《营运知识:工商企业的知识管理》,王者译,江西教育出版社1999年版,第10页。

人的行为有关，它具有过程性的特点。总而言之，知识是相关信息、价值和规律的一种有机综合。Brooking 的知识公式是：知识 = 一定环境下的信息 + 理解。

由于加入了理解的要素，根据同样的信息，不同的人得到的可能是不同的知识。这里不存在谁的知识更为准确或是全面的问题，实际的情况是每个人由于信息的拥有度、文化与价值、自身所处环境、知识积累、兴趣等方面的差异，会对信息进行不同的加工，从而得到各自不同的知识。从这个意义上讲，知识产生的过程中融入了人的高度参与。

从数据、信息到知识，本质上体现了知识的不同层次，类似的，人的智力、智慧也可以看做是更高层次的知识，是大量知识被加工、理解后的结晶。只有通过人的学习活动，才能提高知识的层次，而知识的层次越高，它的价值也就越大，图 2-1 形象地说明了知识的这种分层结构。

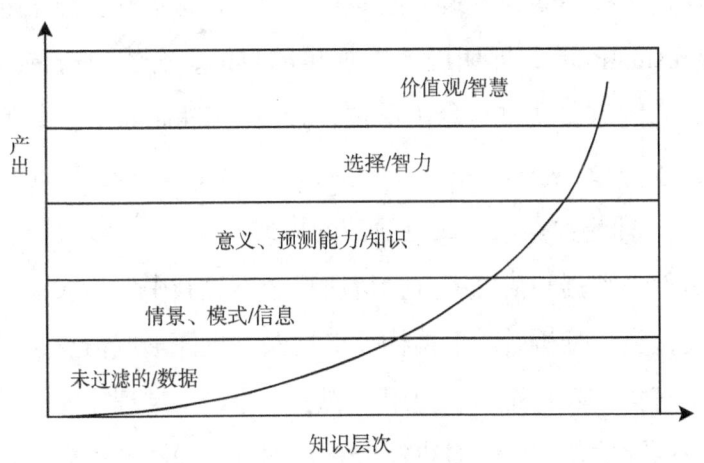

图 2-1 知识层次的转化

注：产出 = 单位付出的努力而产生的智力盈余。
资料来源：吴金希：《中国高科技企业知识链研究》，清华大学博士学位论文，2003 年，第 89 页。

实际上，客观世界与人的互动程度正是数据、信息和知识的区别之所在。知识的形成最能体现这种互动关系，信息次之，数据再次之。因此，数据、信息和知识三者并非截然对立，而是依据互动关系的强弱排列在一个连续集上。

对组织而言，**数据**是对事件审慎、客观的记录。结构化的交易记录即是数据。数据多未必是好事，有时为了留下根据，公司会把各种数据记录下来，营造出有科学依据的假象，并误以为积累足够多的数据后，自然会产生正确的、客观的决策。这样的看法有两项谬误：第一，过多的数据会增加管理者判断的难度，不但不容易找出真正重要的数据，也不易理解；第二，也是最重要的一项，数据本身并没有意义。由于现代组织对信息技术的应用日益加深，数据和信息已经不再是组织关注的焦点，组织关注的中心问题是如何解决信息超载但知识匮乏的问题。

信息的目的在于调整接收者对事情的看法，并影响其判断和行为。信息必须能够启发接收者，它也是能够扭转乾坤的数据。严格说来，接收信息的人才能确定所得的信息是否具有意义，也就是说，它是否真的受到启发。可以通过多种不同的方式为数据赋予价值，进而转变成信息。包括文字化（Contextualized），即明确数据搜集的目的；分类（Categorized），即了解数据分类的重要项目与分析单位；计算（Calculated），即通过数学或统计方法来分析数据；更正（Corrected），即修改数据中的错误；浓缩（Condensed），即将数据浓缩成更简洁的形式。

知识虽然由数据和信息综合分析所得，不过其中的最大差异在于人的介入，经过分类、分析后的数据构成前后关系进而形成信息，加上人的经验、研判、直觉、心智作用、应用、创造、综合、推理才能构成知识。对组织中知识的评估应该以它对决策或是行动造成的影响为准。知识来自于信息，人们需要亲自参与信息转变成知识的过程。Thomas H. Davenport 和 Laurence Prusake 指出，要将信息转变为知识可以采用以下方式：比较（Comparison），分析目前的情况和以往曾遇到的情况有何不同；结果（Consequences），考虑信息对决策与行动有何启示；关联（Connections），分析知识和其他知识的关联；交谈（Conversation），了解其他人对信息的看法。①

知识最突出的特性在于，它不会随使用而消失，而是可以长久维系，它能源源不断地创造价值。物质资产用得越久，折旧越高，但知识则不然。知识资产的价值会随着使用而增加，旧点子中更能不断衍生出新点子。在分享知识时，知识的提供者在丰富了接受者知识的同时，也不会失去本身的知识，甚至更有可能使自身知识获得深化。

（三）知识的性质

除了知识的层次特性之外，知识管理学者认为知识最核心的管理学特性是：知识是一种被"证明的信念"（justified belief），因而"可以通过有效率的行为来提高组织的能力"。这一假设是知识管理存在的前提，围绕该假设，形成了许多对知识特性的基本观点，如下所述：

1. 智力状态（state of mind）特性

熊伯特等人认为，知识是一种认知和领会的状态，因此，知识不仅包括认知的内容，还包括认知的条件及方式（如通过经历和研究等活动来"感知、发现或学习"）以及"获取信息的途径"。对于组织而言，最重要的是使个人拓展自己的知识，并根据组织的需要来应用知识。

2. 过程特性

认知伴随着行动而生。维娜·艾莉受光的波粒二重性启发，提出知识是"实体"知识和"过程"知识的统一体。其中过程知识反映了知识的动态特性。知识的过程性表明，知识从创造到最终的应用要经历一系列的知识活动，在这个活动中，知识流（Knowledge Flow）不断地聚散和更新，管理活动应集中于对知识流质量的管理、控制以及和知识的创造、共享和应用等过程。

---

① Davenport, T., Prusak, L., Information Ecology: Mastering the Information and Knowledge Enviorment, New York: Oxford University Press, 1998, p.67.

知识的动态性说明了知识具有再生性、可继承性和可替代性的特征，因此知识具有生命周期。Birkinshaw 和 Sheeban 将知识的生命周期划分为四个阶段：创造、聚集、扩散和公共化。他们认为，随着掌握知识的人越来越多，知识也愈加成熟，但是知识的大众化会降低知识对其拥有者的价值。Birkinshaw 和 Sheehan 的知识生命周期模型没有考虑替代知识对知识生命的影响，不难想象，知识的可替代性将加剧知识的竞争，进一步缩短知识的生命周期。

3. 实体（object）特性

艾莉的知识二重性的另一面就是作为实体的知识，这是知识静态的一面，知识的实体性使知识能够被储存、积累，并且能够进行转移。同时只有实体的知识才能被识别、组织、收集和测度。在这一观点的基础上还形成了"智力资本"（Intellectual Capital）的概念，理论界用这一概念来表示组织中具有价值的知识资源。Edvisson 和 Malone 提出"智力资本是能够给组织带来竞争优势的组织的知识、被利用的经验、组织技术、客户关系和专业技能"。

研究智力资本的一个基本假设是：知识是企业的战略性资源，通过对知识的投资和管理可以实现知识的价值升值。斯蒂沃特（Stewart）则认为，"智力资本是组织中能够用于创造财富的智力物质，包括知识、信息、知识产权和经验等"。可见，知识与智力资本的区别在于，智力资本是被组合起来的有用的知识。Zack 从四个方面解释了组织知识为何具有战略意义：①异质效应，在特定企业环境下产生和发展的知识，对于竞争对手而言是异质的、独特的和难以模仿的；②学习效应，学习必须建立在一定的知识基础之上，具有知识优势的企业往往具有比竞争对手更强的学习能力；③协同效应，新旧知识、不同种类知识的整合能产生独特见解，创造更有价值的知识，实现知识协同（knowledge synergy）；④收益递增效应，不同于有形资源，知识被使用得越多，它的价值越大，即具有收益递增效应，所以知识领先的公司能够在市场上获得更高的利润。

4. 能力特性

卡勒森（Carlsson）等指出，知识的能力特性表现为"具有影响未来行动的潜能"。彼得·圣吉、达瓦森、莫尔雷都明确指出知识是"一种有效做事的能力"。知识能够指导行动，决定行动的效率和效能，因而是组织或个人能力的内在决定因素。无论对于组织还是个人，知识来自于学习，知识管理因而是一个加快学习的活动。在"学习型组织"中，管理者必须通过有意识的管理活动来提高组织的能力（可以看做是对知识的学习），赢取竞争优势。

知识的能力特性对管理实践的意义在于，除了早期人们关注较多的信息系统管理、研发管理和管理决策等领域外，知识作为一种基础性资源和企业能力基本要素，其作用体现在企业的全部活动中。彼得·圣吉提出了"系统思考"（system thinking）观点，将整个企业经营看做一个系统，用全局的、整体的观点来看待组织发展问题。所以，知识管理不应该仅被看做是一种技术工具或管理工具，作为一种管理思想，它影响了企业内的全部管理活动。①

二、显性知识与隐性知识

在深入研究知识性质的基础上，许多学者根据各自不同的研究目的对知识进行了分类，知识的管理学分类是知识研究的重要组成部分。其中将知识分为隐性知识（tacit knowledge）和显性知识（explicit knowledge），是一种影响较大的分类方法，而且与本书的研究密切相关。

---

① 彭锐：《基于知识价值链系统的中国高科技企业知识战略研究》，清华大学博士学位论文，2004年，第28页。

(一) 定义

这种分类方法最早由英国物理学家和思想家波兰尼在1962年提出的，后来因日本著名的知识管理学者Nonaka的引用而成为最有影响的知识分类方式。波兰尼提出将知识分为显性知识和隐性知识两类。

所谓显性知识是指可以通过形式化、制度化的语言传递的客观的、理性的、数字式的知识，这些知识可以通过正常的、系统的语言进行传播，如各种概念、命题、公式、说明书、理论文档等。这种知识随时都可以在个人之间正式而系统地相互传送。一般而言，西方国家特别强调这种形式的知识。

然而，波兰尼指出："我们知道的要多于我们所能表达的"，例如对于一名游泳运动员来说，虽然他掌握了很多游泳知识，但是他却不一定能清楚地说明自己的游泳技巧，从而使一个不会游泳的人掌握游泳技巧。这些掌握却难以表达的知识就是隐性知识。对于隐性知识，国内也译为意会知识、内隐知识或缄默知识，是指个人的、特定环境下难以标准化、储存和传播的知识。隐性知识往往具有无意识性，即拥有者常常"不知道自己知道"，而且只能通过人与人之间的亲身体验、直觉和洞察力进行传授。隐性知识是相当个人化且富弹性的东西，因人而异，很难用刻板的公式来加以说明，因而也就难以流传或与别人分享。个人主观的洞察力、直觉与预感等皆属隐性知识。隐性知识深植于个人的行动与经验之中，同时也贮藏在一个人所抱持的理想与价值或所珍惜的情怀之中。隐性知识包括两个维度：①技术维度（the technical dimension），包括一些非正式的个人技巧或技艺；②认知维度（the cognitive dimension），包括信念、理想、价值、心意与心智模式等深植于个人内心深处而经常被视为理所当然的东西。隐性知识的这个认知维度虽然难以明确说明，但却深深地影响个人对这个世界的看法。

从隐性知识到显性知识是一个连续体或光谱，在频谱的两端分别是完全隐性和完全显性的知识。绝大部分的知识都具有内隐性，而且越是复杂、基础性的知识，内隐性越强，如技术诀窍、心智模式等。即使是显性知识（如公司规程等），也依赖于隐性知识才能发挥作用（例如按照菜谱做菜仍然离不开厨师把握火候的经验）。斯维比用井水来形容隐性知识和显性知识对企业的重要性。他说："井中能被看见的表面是显性知识，而在下面更深的，不断更新的井水则是隐性的"，他指出组织的知识可能99%都是隐性的，因而加强对知识光谱上的隐性知识的管理和开发对于企业更为重要。在知识管理实践的早期，西方企业较为重视显性知识的管理，而东方企业则较为重视隐性知识的管理，目前两种知识管理模式有融合的趋势。

（二）SECI 模型

Nonaka 和 Takeuchi 提出了著名的知识转化 SECI 模型。他们指出，知识创造是显性知识与隐性知识之间互动的一种螺旋式程序。这两种知识互动的结果能够创造新知识。这两种知识有四种可能的组合，因而也就包括四种转化类型。知识在每个阶段的转化过程中，通过隐性知识和显性知识的相互转化，不断进行自我突破与超越，像滚雪球一样，越滚越多，不断增加，能够形成一个螺旋状发展的知识创造循环。Nonaka 和 Takeuchi 认为，在组织知识的创造过程中，这四种明显的知识转化过程分别是"社会化过程"、"外部化过程"、"组合过程"和"内部化过程"，图 2-2 详细解释了 SECI 模型的四种知识转化方式。

1. 社会化过程

社会化过程是指隐性知识转化为隐性知识的过程。该过程是一个通过经验共享而创造隐性知识的过程，让许多个人共同在一起生活、工作，而非只靠书面教导，使大家相互了解彼此的思想与感觉，促使个人彼此之间交换及分享隐性知识。在这种情况下，个人主要通过观察、模仿和实践等方式来形成隐性知识，例如师傅带徒弟、非正式聚会中的交流等。

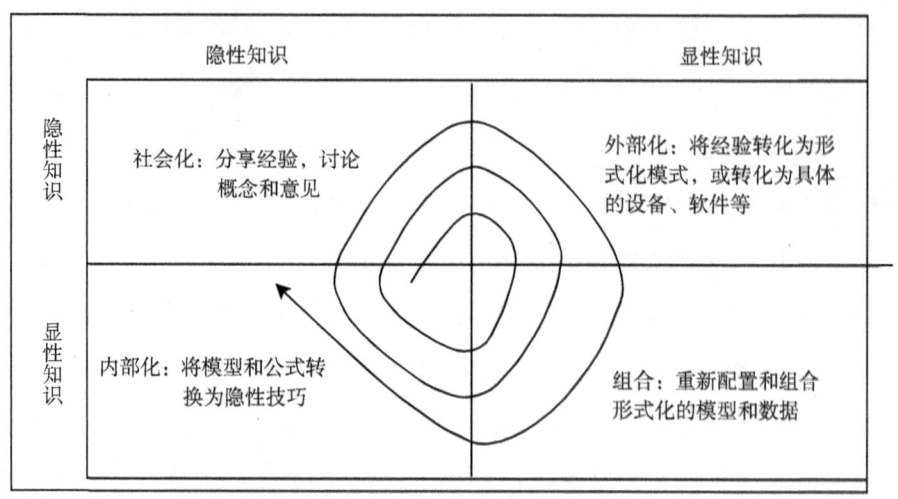

图 2-2　知识转化的四种模式

资料来源：Nonaka I., Takeuchi H., "The Knownledge-creating Company: How Japanese Companies Create the Dynamics of Innovation", New York/Oxford: Oxford University Press, 1995, p.133.

社会化是利用彼此在距离上的接近和往来频繁的关系获取知识。例如，公司通过与供应商和客户的直接交往及互动过程，获得相关知识；勤于在公司内部各处走动及观察获得有关公司情况的隐性知识。但是要特别注意的是，这种社会化过程具有相当大的局限性。虽然徒弟能从师傅那里学习技能，但不管是师傅还是徒弟，都没有掌握技能背后系统化的原理。他们从来都无法将其所领会的知识清楚地表述出来，因此很难被组织更有效地综合利用。[1]

2. 外部化过程

外部化过程是指隐性知识转化为显性知识的过程。该过程是指隐性知识和经验的"显性化"，即通过对隐性知识和经验的解码，将其表达为清晰的概念和形式化的模式。"外部化"过程是知识创造过程的核心。通过这一过程，难以传递的隐性知识转变为易于交流学习的显性知识，具体方

---

[1] 野中郁次郎：《知识创新型企业》，中国人民大学出版社 2004 年版，第 25 页。

式包括比喻、类推、概念形成、假设或模型构造等。

外部化必须有下列两项要素的协助：①将隐性知识转化成显性知识，这会涉及一些表达的技术，以便将一个人的观点利用文字、概念、比喻性文字与图片或影片等视觉器材等，以交谈或对话等方式清楚地表达出来；②将客户或专家高度个人化或高度专业化的隐性知识转变成可以理解的形式，这会涉及演绎或推论技巧，需要极高的创造性。

3. 组合过程

组合过程是指显性知识转化为更复杂的过程、更多样的显性知识的过程。该过程是指将一些显性化和形式化的知识系统组合起来转化为另一显性知识系统，具体方式包括将来源于不同知识系统的要素重新组合形成新的知识框架，或通过现有显性知识的分类、增加、整合、排列而重新配置其结构形成新的显性知识。这个阶段的关键问题包括知识的传播、扩散与系统化过程。在外部化阶段所产生的新知识在进入组合阶段后要在各群体间进行系统的交流及扩散。例如，MBA 教学、市场分析等都是将已经外部化的隐性知识再经过组合形成一个显性的知识体系。但要注意，这种组合过程并没有真正扩展公司已有的知识储备。

组合阶段包含下列三个过程：①从公司内部或外部搜集已公开的资料等整合成新的显性知识；②利用报告或开会等方式将这种新知识传播给组织成员；③将显性知识重新加以汇整及处理，使之变成公司的计划、报告或市场资料，以方便使用。

4. 内部化过程

内部化过程是指显性知识转化为隐性知识的过程。该过程指将显性知识（如某种模型和公式）转化为本部门特有的隐性知识和技巧，该过程与"干中学"机制密切相关。

总之，SECI 模型是描述显性知识与隐性知识相互交替与转化的一种动态程序。从该模型中可以了解到，在各种社会组织内部，通过一系列的自我超越过程会展现出四种知识创造的形态。其中，外部化（将隐性知识转化为显性知识）和内部化（用显性知识扩展自己的隐性知识基础）是知识螺旋式上升的关键步骤，这两个步骤均要求个体的积极参与和主动投入。①

Nanaka 和 Takeuchi 除了使用前面介绍过的知识转化模型来解释知识的创造以外，也采用认识论（Epistemological）与本体论（Ontological）两个构面来描述知识螺旋。认识论主要以隐性知识与显性知识两者为探讨的基本要素；本体论则认为组织成员是储存隐性知识的本体，即附着在个人身上的隐性知识才是知识进一步创造的基础，组织本身并不能创造知识。因此，组织在知识创造活动中的最大责任在于建构良好的知识积累机制，促使在组织成员身上的隐性知识在组织内部产生最佳的流动及放大。当组织成员参与知识创造的规模越大，则越能促使隐性知识与显性知识的互动规模的扩大与加速效果，具体过程如图2-3所示。组织中的知识创造是一种上旋的过程，由组织中的个人出发，通过群体层次、组织边界，进而扩散到组织之间。

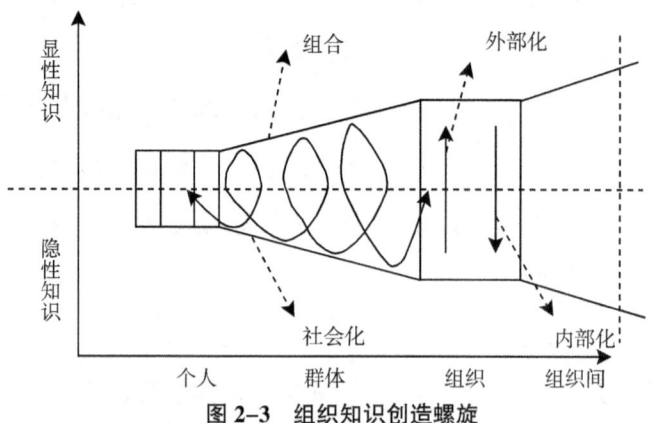

图 2-3 组织知识创造螺旋

资料来源：Nonaka I., Takeuchi H., "The knownledge-creating Company: How Japanese Companies Create the Dynamics of Innovation", New York/Oxford: Oxford University Press, 1995, p.73.

---

① 野中郁次郎：《日本公司创造知识之理论与经验》，免费电子图书网站，http://www.itebook.net/disquisition/2005/3-3/23285-5.html，2005年2月15日。

（三） 创造知识的四种场所 (Ba)[①]

Nonaka 进一步指出，在 SECI 模型的四个知识转化阶段中会依次经历四种场所 (Ba)。每个场所分别提供一个基地，以利于进行某一特定阶段的知识转化程序，并促进知识的创造。将四个场所的四个知识转化过程前后连贯起来就构成一系列不断自我超越的知识转换过程，显现了知识转化的螺旋式演进情况。以下分别介绍这四种场所的特征。

1. 原始场所 (Originating Ba)

在原始场所，个人之间基于彼此的感情，排除自我与他人之间的障碍，彼此通过交互活动表露其感觉、情绪、经验与心智模式。原始场所是知识创造过程中的起点，属于"社会化过程"。个人之间亲身的面对面的接触经验对隐性知识的移转与转化十分重要。因此，应强调开放式的组织设计，使员工能充分接触客户，保证个人之间的直接交谈和沟通。

2. 互动场所 (Interacting Ba)

将拥有特殊知识与能力的人组成项目团队、任务团队，或跨职能团队。让这些团队的成员在互动场所彼此交换想法，同时也对他们自己本身的想法加以反省及分析。互动场所代表"外部化过程"，大家以开放的态度彼此充分对话，将隐性知识转变为显性知识，以便创造新知识及价值。

3. 电脑场所 (Cyber Ba)

电脑场所代表"组合过程"，利用虚拟世界而非实际的空间和时间来进行互动。在组织内部将新的显性知识与现有的信息和知识组合，以便产生更新的显性知识，并使之系统化。在这一场所特别强调利用网络、文件与数据库等信息技术来强化知识的转化程序。

---

① 野中郁次郎：《日本公司创造知识之理论与经验》，免费电子图书网站，http://www.itebook.net/disquisition/2005/3-3/23285-5.html，2005 年 2 月 15 日。

4. 练习场所 (Exercising Ba)

练习场所代表"内部化过程",能促使显性知识转化为隐性知识。在专家与同事的指导下,以观摩或实际演练等方式不断地练习,而不是仅仅坐着听教师讲授分析性的教材。在练习场所中能够将显性知识应用于实际生活或进行模拟,并持续将这些知识转化为隐性知识。分析上述四种场所的不同特征将有助于了解新知识的创造。在每个场所内所产生的知识终将成为组织的知识基础而由所有组织成员共同分享。然而,组织内各个场所的作用不仅在于累积各种不同的信息,这些场所还具有动态性,能将隐性知识转化成显性知识,再将显性知识转化成隐性知识,并凭借这种周期循环来持续创造新知识。

三、知识能力的研究回顾

知识能力是在战略管理领域的资源论和动态能力理论出现以后被广泛关注的一个概念。知识能力概念体现了企业在知识经济时代和超优势竞争环境中,强调以知识作为竞争优势,并将知识转化为企业生产力的能力。知识能力的研究指出,隐藏在企业能力背后并决定企业竞争优势的关键是企业掌握的知识,尤其是那些难以被竞争对手模仿的隐性知识以及和知识密切相关的学习能力。

目前关于知识能力的专门研究并不多见,主要出现在对知识管理或企业成长等研究领域。对此概念研究最为系统的理论总结是宁烨、樊治平(2008)发表于《科学学与科学技术管理》中的《知识能力的内涵与特征研究》一文。该文在对知识能力相关研究文献进行梳理的基础上,明确界定了知识能力的概念,分析了知识能力的特征,并对知识能力与核心能力、竞争能力、创新能力以及动态能力等一些相关概念的区别与联系进行辨析。

结合本书的研究角度,我们从企业成长角度对于知识能力的研究也进行了一个简单的回顾。彭罗斯是现代企业成长理论的奠基人,她在其重要著作《企业成长理论》(1959) 中，对企业成长问题进行了严密、全面的系统性理论分析，第一次将企业成长作为分析的对象，以"管理能力"的供给为分析框架系统地阐述了企业成长的理论，开创了在管理学领域研究企业成长问题的先河。彭罗斯的企业成长理论是一种纯内因成长论，它强调管理对于企业成长的作用，而基本不考虑大量的外在因素。在彭罗斯看来，所谓"成长经济"，就是指有利于企业向特定方向扩张的、各个企业可能享受到的内部经济，是从企业内可能利用的生产性使用价值的独特集合中挖掘出来的，可以使该企业在投入新产品或增产原有新产品时比其他企业处于比较优势的地位的东西。她进一步分析指出，企业是"建立在管理型框架内的各类资源的"、"获取和组织人力与非人力资源以营利性地向市场提供产品或服务"的集合体，"企业的成长则主要取决于能否更为有效地利用现有资源"(Penrose, 1997)。同时，企业是一个"知识集合体"，在企业的成长过程中，新知识的积累主要是经济活动内部化的结果，在资源论视角下，知识能力被视为"决定一个企业吸收及创造新知识的能力的知识资产的总和"。这些知识资产包括员工（这是知识能力的基础，对知识创新有直接的影响）、客户知识、研发投入、知识网络以及培训。

Carrillo 和 Gaimon (2004) 提出了"知识资源能力"(Knowledge-based Resource Capabilities) 的概念。他们认为，对于生产型企业而言，有三类知识可以影响绩效：物质生产或信息系统、企业员工的知识、管理系统。"知识资源能力"是这三类知识的综合。韩震等 (2004) 对大学的知识能力及其测评体系进行了研究。研究指出大学的知识能力是大学知识活动体系的整体效应，就是大学在具有一定知识积累的基础上，对知识传播、创造和应用能力的总和。

宁烨、樊治平 (2008) 在对知识能力研究总结的基础上指出，知识能力是指一个组织所拥有的知识、资源和能力，以及对组织内外知识、资源和能力进行协调、重构并更新的一种学识，它反映了一个组织不断地从外界汲取能量，以实现与外界环境协调发展的能力。一个组织的知识能力包含三个方面：其一是组织所拥有的基础资源，包括知识资源、结构资本、沟通能力、组织文化等因素，可以将这些资源所形成的能力称为基础资源能力，它是知识能力的基础。其二是组织对这些基础资源进行管理、协调，使之不断更新，以适应外界环境的动态发展能力，可以称之为知识运作能力。其三是上述两个方面之间及其与外界环境之间的互动关系，可以称之为知识机制。这三个方面相辅相成、缺一不可，共同反映出组织的知识能力。

另外，基于企业能力角度的研究也有一些代表性的成果，主要涉及对企业的市场知识能力和客户知识能力的研究。这些研究认为，企业知识能力体现在企业的特定交互活动中，强调通过交互活动对企业内外的知识资源进行协调与整合的企业行为。

企业知识观的研究将企业视为一个知识集合体，显然知识密集型服务企业与其他传统产业相比更加强调其知识体系，此类企业的成长显然会受到其知识能力的影响，决定企业竞争优势的是企业掌握的独特知识以及运用其独特知识为客户提供服务的能力，这里涉及知识的获取、转移、定制和创新的过程。借鉴彭罗斯的内生成长理论和知识能力观点，我们对于KIBS的知识能力进行研究。KIBS最核心的资源是知识。归根结底，知识只有两种来源——自身创造或外部获取。我们称前者为自主知识创新，知识创新对KIBS的重要性毋庸置疑，这也是研究关注的焦点问题之一。但目前对于国内大量的中小型KIBS来说，由于自身资源限制，仅仅依靠自主创新来获取知识难度较大，因此强化知识的外部获取能力就成为提升KIBS知识水平的另一可行手段。因此，本书将从知识吸收和知识创新两个角度来对KIBS的知识能力进行剖析，在知识吸收方面引入战略管理中的"吸收能力"（absorptive capacity）理论，以期能够更全面深刻地说明外部知识的获取问题。

第三章 知识密集型服务企业的发展历程与特征分析

第一节 知识密集型服务企业的概念界定

本节将对 KIBS 的相关概念进行具体的分析和讨论，首先对相关研究给出的定义进行具体的分析说明，然后给出研究所使用的 KIBS 的研究定义，讨论在本书中 KIBS 包含的具体范围，进而根据研究定义和具体的研究范围，分析 KIBS 这类服务企业的具体特征，并着重探讨 KIBS 所提供的服务产品的重要特征。

一、知识密集型服务企业的研究定义

在第二章中，对国内外相关研究给出的知识密集型服务企业的具体定义进行了介绍，由于目前国际、国内的各项研究对 KIBS 的定义并未达成一致，因此本节将在对常见定义进行具体分析和讨论的基础上，提出本书所使用的研究定义。

（一）相关定义分析

Miles 等人在 1995 年提交的有关 KIBS 的第一份研究报告中给出的定义是当前该研究领域最常使用的定义，这份报告指出，知识密集型服务企

业的定义包括三方面的内容：①KIBS 是私人企业或组织；②KIBS 非常依赖于专业化知识，也即特定领域或学科的相关知识和技术能力；③KIBS 提供的是以知识为基础的中间产品和服务。[①]

这是迄今为止有关 KIBS 最为详尽的定义，在上述定义中，Miles 主要从组织性质、运作对象以及提供物内容三个方面对 KIBS 进行了界定。这一定义明确界定了 KIBS 的运作对象和提供物，指出 KIBS 运作的主要对象是某一领域内的专业性知识，提供的是一种以知识为主体的解决问题的办法，这种解决办法有很强的专业性，知识（技术）强度很高，并特别说明了这类企业提供的是一种中间产品和服务，即明确指出这类企业不是为最终消费者服务，而是为其他组织提供服务的。然而，这个定义仍存在其不足之处，它将知识密集型服务企业简单地界定为一类"私人企业或组织"，这明显排除了提供同类服务的其他性质的企业，结合中国目前的具体现状，笔者认为就这一点来说，这个定义显然是不合适的。

另一个广为使用的定义是 Muller 在 2001 年提出的"知识密集型服务企业可以被定义为一种广义的咨询顾问类企业"。[②] 这一定义特别强调 KIBS 在提供服务方面的咨询顾问职能，是对这类企业基本职能的界定，但这一定义对 KIBS 的提供物和服务对象等都没有予以具体说明，只是对这类企业职能的一种简单概括，这种概括和说明可以促进对这类企业的理解，但作为定义则显得过于简单。

Hauknes 在 1998 年提出将 KIBS 定义为"能力和技术密集型的、以信

[①] I. Miles, N. Kastrinos, K. Flanagan, R. Bilderbeek, P. Hertog, W. Huntink, M. Bouman, "Knowledge-intensive Business Services: Users, Carriers and Sources of Innovation", Rapport pour DG13 SPRINT-EIMS, March, 1995, p.15.

[②] Muller, E., Zenker, A., "Business Services as Actors of Knowledge Transformation and Diffusion: Some Empirical findings on the Role of KIBS in Regional and National Innovation Systems", Institute Systems and Innovation Research, No.R2, 2001, p.3.

第三章 知识密集型服务企业的发展历程与特征分析

息为导向的服务,具有很高的客户参与性"。①这一定义强调了 KIBS 所提供服务的性质是能力和技术密集型的,而且是以信息为导向的,而在其服务方式方面则特别强调高度的客户参与性。Hauknes 的这个定义强调了 KIBS 的客户参与问题,突出了客户对于 KIBS 提供服务的重要作用,是首次涉及 KIBS 服务方式的一个具有代表性的定义。

台湾学者王健全在其论文《台湾知识型服务业的发展及其推动策略》中将知识密集型服务企业定义为以提供技术知识(know-how)或专利权为主,并支援制造业发展之服务业,或具技术背景之服务业。②这一定义的产生主要是由其论文内容决定的,论文强调了这类服务企业对制造业发展的贡献,因此将其服务对象定义为制造业,与前面提出的提供中间产品和服务相比,这一定义则略显狭隘。

而国务院发展研究中心 2001 年 8 月 1 日公布的研究报告《大力发展服务业是实现现代化建设第三步战略目标的需要》将知识密集型服务企业定义为"运用互联网、电子商务等信息化手段的现代知识服务产业,其产品价值体现在信息服务的输送和知识产权上"。③这一定义显然更加强调了对于现代信息技术手段的应用,而没有关注这类企业的服务对象和服务形式等其他方面的内容。

(二) 本书的定义

具体分析 KIBS 的英文全称可以看出,KIBS 更加强调提供物和服务对象。Knowledge-Intensive Business Services 中,Knowledge-Intensive 明确指出了 KIBS 提供物的性质是知识密集型的,而 Business Services 则强调了 KIBS 为组织提供与其经营运作相关的服务。因此,这两个方面应该是

---

① Hauknes, "Service in Innovation-Innovation in Services", SI4S Final report, STEP Group, Oslo, 1998, p.32.
② 王健全:《台湾知识型服务业的发展及其推动策略》,《经社法制论丛》,2002 年第 29 期,第 3 页。
③ 金雪军、毛捷、何肖秋:《知识服务产业刍议——知识服务产业定义、特征、功能及业务流程分析》,《商业研究》,2003 年第 20 期,第 65 页。

KIBS 定义必须特别强调的要素。

结合前面对各个定义的分析，下面给出将在本书中使用的知识密集型服务企业的定义。根据 KIBS 的多个定义中都特别强调的提供物、服务对象和服务方式三方面内容，本书给出知识密集型服务企业清晰简要之定义。

定义

知识密集型服务企业是一类针对客户问题提供以知识为基础的解决方案（solutions）的服务企业，这类服务企业的客户即其服务的对象是各种类型的组织，它与客户之间存在着高水平的互动，并在与客户的互动过程中共同创造客户面临问题的解决方案。

详细分析这个定义主要包括以下几方面重要内容：

1. 提供物

KIBS 提供的是问题的解决方案。后面将会提到，KIBS 最初出现就是因为某些企业试图通过市场行为来寻求其面临问题的解决方案。KIBS 在为企业提供服务的过程中，会通过与企业之间的交互作用来提供包含相关知识、技术乃至设备的整体解决方案。Muller 曾经提出将知识密集型服务企业定义为一种广义的咨询顾问类企业，这也是对这类企业职能和提供物特征的一种简要概括。

2. 服务对象

知识密集型服务企业的服务对象也是很多研究都特别指出的。在本书的研究中，明确界定这类企业是运用知识为客户的生产和服务过程提供中间服务的，也就是说它的服务对象为各类企业和各种组织机构。

3. 服务方式

服务的一个重要特征就是客户参与服务过程，这一特征对于 KIBS 来说尤为重要。正如前面所提到的,知识包含显性和隐性两类,KIBS 在提供服务时不仅要提供显性知识,还要提供隐性知识。知识密集型服务企业在其发展过程中不断产生、更新并积累的知识也包括显性知识和隐性知识两类。近年来的信息技术网络的发展已经解决了提高显性知识流通与利用效率的问题。因此,KIBS 的服务成效如何,就特别依赖于对隐性知识的获取和传播效果。而隐性知识往往附着于人或组织结构内部,这使隐性知识的传播主要依赖面对面的传授与学习,对 KIBS 来说,这种知识的传递则需要通过专业人员与客户之间大量的交互活动来实现。因此,KIBS 与客户之间是一种"合作生产"活动,"学习"发生在双方合作生产的过程中。

二、知识密集型服务企业的范围界定

KIBS 为其客户提供的是某一领域内的专业性知识,不同的专业知识对应于不同的服务行业,KIBS 是一个包含多个行业类型的分类,"对 KIBS 概念的一般性界定并不能反映出 KIBS 本身形式和活动的多样性",[①] 因此有必要对 KIBS 包含的范围进行具体的界定。

确认本书研究对象的范围主要包括两方面内容:一是采用二维矩阵从宏观角度确定研究对象的范围;二是确定在这一宏观范围内包含的具体的行业类型。

(一) 宏观范围分析

根据上一节对知识密集型服务企业定义的分析可以看到,几乎所有的定义都特别强调 KIBS 的服务对象和提供物的性质,因此为了明确说明本书的研究对象,可以采用国外学者在研究中经常采用的二维分类法从宏观

[①] Muller, E., Zenker, A., "Business Services as Actors of Knowledge Transformation and Diffusion: Some Empirical Findings on the Role of KIBS in Regional and National Innovation Systems", Institute systems and innovation Research, No.R2, 2001, p.3.

角度明确本书所界定的知识密集型服务企业的范围。本书选择的两个维度是：服务的知识含量（即提供物的知识含量）和服务对象。垂直方向是服务对象，分为个人和组织两类；水平方向则是服务的知识含量，按高低进行区分。由此形成以下矩阵，如图 3-1 所示，图中阴影部分即为本书的研究范围。但是需要特别指出的是，这并不是一种严格意义上对服务企业的分类方法，有相当多的服务企业同时为个人和组织提供服务。本书采用这个二维矩阵只是尝试从宏观角度对本书的研究范围给出一个清晰而形象的说明。

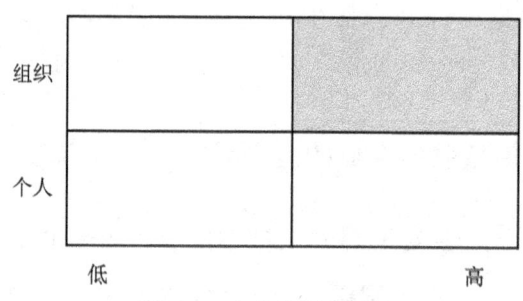

图 3-1　本书的研究对象

资料来源：笔者绘制。

（二）具体行业范围

在前一章中列举了一些 KIBS 包含的行业范围，各项研究定义的不同和研究角度之间的差别造成了各自界定的行业范围也有所不同。深入分析各项研究结果可以发现，目前对于 KIBS 包含的行业范围的研究都只是在对企业观察的基础上对相关行业的简单罗列，这种罗列之间缺乏系统的逻辑关系和统一的分析框架，这直接导致罗列的结果缺乏完整性。另外，因为国内外目前行业分类和统计口径之间的差异，以及国内对于第三产业的分类体系不够完善，所以要想从传统的行业分类中将这类企业完整地剥离出来也非常困难。而且随着市场对于知识服务的需求不断增长，各种新型 KIBS 不断涌现，这也是行业分类和统计年鉴所无法反映的。因此，KIBS 作为这样一类飞速发展且不断创新的新兴服务企业，对于其包含的具体行业进行界定并不具备太大的意义，这种界定在很大程度上只能作为一种例证以利于对 KIBS 进行更为深入的研究。因此，在判断一个企业是否是 KIBS 时并不应该从这种行业列举中进行查询，而是应该依靠 KIBS 的定义和前面给出的宏观角度的二维矩阵来进行判定。

结合前一章对各项研究给出的 KIBS 的行业范围的界定，从本书的定义和宏观范围分析出发，考虑到中国目前行业发展实际，本书也列出了 KIBS 涉及的一些具体行业，作为选择案例时的参考，主要包括会计审计、设计和研发相关服务、投资融资服务、信息技术相关服务、人力资源相关服务、咨询服务、法律相关服务、市场营销相关服务和环保技术服务等。这是目前在中国特别是北京发展极为迅速的一些服务行业，也是本书举例时会经常涉及的行业。

三、知识密集型服务企业的具体特征

尽管国内外的各项研究对于知识密集型服务企业的定义和包含的范围各自有其不同的看法，但总体来说，这些定义都承认知识密集型服务企业与其他类型服务企业之间最根本的区别在于其为客户提供的是知识密集型的服务。而对于其具体特征的描述，各项研究虽然选择的角度和侧重点不同，但最终可以从进入壁垒、服务的知识含量、企业人员结构、行业的整体分布等方面归纳为以下几方面特征。

（一）进入壁垒较低

Raymond P. Fisk, Stephen J. Grove 和 Joby John 在 Interactive Service Marketing 一书中提到，与制造业所处的经济与竞争环境相比，服务业所面临的经济与竞争环境有两大特征：一是服务业的进入壁垒远远低于制造业，因为一个制造业工厂的建立要耗费大量的资金，而许多服务企业只需少量的资金投入即可开业；二是服务产品难以差别于竞争对手的服务，因

为服务是无形的。①

对于知识密集型服务企业来说，由于其服务的特殊性，导致其最重要的资源为知识与一般服务业相比其对资金的需求更小，转换成本更低，因此进入壁垒也相对更低。进入壁垒低，意味着知识密集型服务企业中出现的发展机遇可能为众多企业所共享，而且也有可能由于大量新竞争者的持续加入而导致竞争激烈，并可能长期处于混乱、无序的竞争状态。

(二) 高知识和高技术含量

知识密集型服务企业通常与技术发展、创新、研发等关键词密不可分，这是 KIBS 最根本的特征，也是其存在和发展的基础。在农业经济和工业经济时代，传统产业主要依赖自然资源和资金的积累而获得发展，而知识密集型服务企业的运作则主要依赖于知识资源。自然资源和资金是有限的、稀缺的，其投入服从于边际报酬递减规律，而知识资源的创造是无限的，可以复制、传播并在一定条件下共享，因而知识密集型服务产业与传统产业相比能获得更大的发展空间。KIBS 持续发展的动力是在与客户的互动过程中不断产生、更新并积累知识。知识密集型服务企业的价值主要体现在以专业知识解决客户的问题方面。这种专业性来自于三个方面：知识的广度，即能否提供综合性、整体性的服务；知识的深度，即对特定问题的深入分析、判断与解决的能力；知识的精确度，即 KIBS 是否专注于提供某项特定服务。

这种高知识和高技术含量造成知识密集型服务企业大多具有低风险、高增值的特性。与高新技术产业相比，知识密集型服务企业的投资较小，转换成本较低，因此风险要低得多，而带来的价值、效益巨大，是"一语道破天机"的智能型服务，其增值幅度是难以用传统的经济学方法加以解释的，所产生的效益也并不尽表现为服务业本身的利润，其运作的外部效

---

① 雷蒙德 P. 菲司克等：《互动服务营销》，张金成等译，机械工业出版社 2001 年版，第 18 页。

果更加显著，更多的是通过服务对象的收益和社会效益表现出来。

（三）高素质员工

高素质员工是知识密集型服务企业生存和发展的重要保证。KIBS 在提供服务时需要专业人员与客户组织的员工间进行大量的交互活动，这种交互活动非常依赖于个人的专业知识，个人的专业知识是 KIBS 的关键性资源，而具有专业知识的劳动力也因此成为 KIBS 最重要的生产性资本。KIBS 间的竞争更多的是专业人员能力和素质的竞争，没有富有创新精神的高素质人才，知识密集型服务企业便成了无本之木、无源之水。

知识密集型服务企业的从业人员主要是脑力劳动者，有比较完整的知识结构，并且有应用、传播专业知识的能力，大多学历较高。日本曾对 204 家咨询机构的 3611 名咨询人员做过教育水平的调查，其中获得学士学位的有 2512 人，占 69.6%；拥有硕士学位的有 808 人，占 22.4%；修完博士课程的有 174 人；拥有博士学位的有 117 人，占 3.2%。由本书给出的研究定义可以看到，知识密集型服务企业为客户提供的是问题的解决方案。因此，除了学历背景以外，KIB 还希望员工具有丰富的经验，以及由经验积累而获得的知识。知识密集型服务企业的员工在日常工作中积累的丰富的知识和经验能够弥补客户的不足，协助客户制订并实施适用其问题的解决方案。

（四）高集群性

国内外有多项研究指出，知识密集型服务企业在其空间分布上具有相当高的集群性。纽约、洛杉矶、伦敦、法兰克福、东京、台北等已成为国际性或区域性的 KIBS 中心，北京和上海也正在大力倡导发展知识密集型服务企业。

KIBS 的出现和发展集中在少数大型的商业中心城市，具有明显的集群化特征，这可以从以下几方面进行解释。首先，客户的地理接近性决定了KIBS应以中心城市为基础来进行发展,①KIBS与客户之间的高度互动在地理接近时比较有利于服务的完成,而大都市提供了大量的客户群,因此KIBS大量集中于少数大型商业中心城市。其次,中心城市完善的基础设施、及时的信息资源条件、宽松的政策和规范的宏观管理条件,为KIBS的发展提供了良好的条件。最后,KIBS的发展要求高智力的人力资源条件,中心城市劳动力市场发达,有更多合格的专业劳动力和人才专家可供选择。另外,由于功能上不同的KIBS经常与其他KIBS高度缠绕,不同类型的KIBS之间存在相互依赖,如计算机服务、技术工程服务和法律服务、会计咨询服务间的相互依赖,因而,很多KIBS会相互关联而形成一种具有相当强烈的内在一致性的"知识密集型服务集群",集群中的成员会出现明显的合作与资源外取行为。②

(五) 产业内部的金字塔形分布

KIBS产业的内部结构呈一种金字塔形分布,即同时存在少量大型的国际化企业和大量小型的本地企业。③大型企业主要为一些大型的跨国公司或国际化的客户提供服务,如咨询业中的麦肯锡、波士顿咨询公司等;小型企业则更多针对本地化市场和小型企业,当然也有少量专业性极强的小型企业能够依靠其提供的特殊服务而占据相当大的市场,具体分析,这种情况在传统的专业型KIBS中出现得较少(如广告服务、会计服务业),但在技术密集型和创新性的KIBS企业部门中(如IT服务)相当明显。

出现这种金字塔形分布的原因在于知识密集型服务企业的行业壁垒较低,易于进入,而大型国际化企业的竞争优势也导致小型企业要想穿过较高的移动壁垒非常困难。以咨询公司为例,在美国,不足10人的小咨询

---

①② 蔺雷、吴贵生:《服务创新》,清华大学出版社2003年版,第174页。
③ 同上,第173页。

公司拥有的雇员占行业总人数的75%，收入占行业总收入的1/2。[①] 其中除了极个别的小公司通过并购和全球扩展成为行业巨头以外，大多数小型KIBS仍以服务本地市场和小型企业为主，它们提供了较为全面的咨询服务和其他专业服务。一般来说，KIBS销售额的大部分由少量大型的KIBS产生，而小型KIBS员工数量众多，解决了就业问题。

四、知识密集型服务的特征分析

KIBS包括的服务部门数量相当多，类型也较为广泛。在对这类企业总体特征进行分析的基础上，从微观角度对其服务产品的特征进行具体剖析也具有十分重要的意义。Muller，Zenker和Antonelli等学者曾对知识密集型服务企业的产品特征做过一些零散的研究，但都不够深刻完备。从专业化、职能特点、定制化、交互性和产品依赖性等多方面分析，知识密集型服务企业的服务产品主要包括以下几方面特征。

（一）服务的高度专业化和高智力附加值

知识密集型服务企业为其客户提供高度专业化的知识、高智力附加值的服务，这也是它区别于其他服务企业的一个显著特征。尽管所有的经济活动都或多或少是基于知识的，但KIBS作为服务业的一类重要分支，其特殊性在于，它的服务是要向客户转移高度专业化的知识。这种专业知识既包括可以借助一些符号来翻录或传输的也就是可编码的显性知识，也包括那些不能编码、只能依靠交互活动和面对面的学习来获得的隐性知识。

（二）服务的咨询功能

知识密集型服务企业提供的是问题的解决方案。Muller曾经提出将知识密集型服务企业定义为一种广义的咨询顾问类企业，这也是对这类企业

---

① 安妮·布鲁金：《智力产业——专业服务公司的成功之道》，赵洁平译，机械工业出版社2000年版，第57页。

职能特点的一种概括说明。KIBS 在为客户提供服务的过程中，会通过与客户之间的交互作用提供针对客户情况的包含相关知识、技术乃至设备的整体解决方案，以解决客户面临的问题。

（三）服务的高度定制化

由于 KIBS 提供的是针对客户问题的整体解决方案，因此它必须根据市场、客户和问题的不同特点来提供不同的定制化服务。不同类型的知识密集型服务企业，其定制化程度也存在一定的差异，例如金融和贸易服务提供的服务产品标准化程度就相对要低一些，而软件、信息技术和咨询类服务企业提供的产品则是高度定制的。

另外，从企业扩张角度来说，KIBS 的扩张是一种从中心位置向四周呈网络状扩散的方式，如在一个新地点对中心位置的组织进行拷贝，这些企业彼此之间在功能上不存在分工。但由于服务产品经常是高度定制的，KIBS 需要针对本地市场结构和客户需求特点提供服务，这使得同一 KIBS 位于不同地理区域的部门提供的服务之间经常存在着较大差异。

（四）服务过程的强烈交互性

服务的一个重要特征就是客户参与服务过程，这一特征对于 KIBS 来说尤为重要。正如前面所提到的，KIBS 在提供服务时不仅要提供显性知识，还要提供隐性知识。而隐性知识往往附着于人或组织机构内部，这使隐性知识的传播主要依赖面对面的传授与学习，因此要实现隐性知识的传播就需要通过专业人员与客户组织员工之间大量的交互活动来完成。因此，KIBS 为客户提供服务就需要与客户进行高度的交互。

（五）服务产品的非独立性

KIBS 为客户提供的主要是问题的解决方案。一个完整的解决方案往往涉及多个相关领域的知识和技术，因此除了 KIBS 自身具备的知识技术以外，KIBS 也需要向其他 KIBS 或大学、研究机构等购买产品或服务，KIBS 往往会将多个其他机构开发的成果，有时也包括自己开发的一部分成果相互整合，按照客户需求为其提供整体解决方案。这一点对信息技术 KIBS 来说尤为突出。由于这一特征，许多 KIBS 会与高校和科研机构或其他 KIBS 形成比较紧密的战略联盟，联盟成员之间存在着明显的合作与资源外取活动。

第二节 知识密集型服务企业的发展历程与现状

目前，世界各国都非常重视知识密集型服务企业的发展，知识密集型服务已经成为国际服务贸易的主体，大力发展 KIBS 已成为各国优化产业结构的重要举措。21 世纪初期，世界产业结构调整的总趋势是高新技术产业化步伐进一步加快，只有改造后的传统产业才能赢得新的发展空间，知识密集型服务企业将成为拉动经济增长的主导产业，高新技术产业和知识密集型服务企业将得到蓬勃发展。本节将在对相关调查研究报告和统计年鉴进行整理的基础上对国内外尤其是北京 KIBS 的发展状况进行较为深入的讨论。

一、部分国家和地区知识密集型服务企业产值分析[①]

要讨论某个产业的发展状况首先可以从其总量和发展速度入手。由于主要国家或组织对知识密集型服务企业范畴的界定存在一定差别，相应的也就缺乏量化的比较指标和统计资料。例如，美国商务部（BEA）和经济合作发展组织（OECD）定义的知识密集型服务企业的范围就不尽相同。由于统计口径的不同和各种细项数据的缺乏，本节借鉴了各国的统计资料

---

① 林炳中：《知识服务时代之知识密集服务业探索》（经济部研究报告），台湾经济研究院，2002 年，第 10~18 页；李瑞珠：《知识密集服务业发展策略之探讨》，《台湾经济论衡》，2004 年第 9 期，第 2~41 页。

和研究成果，最后采用的主要是台湾地区相关研究提供的二手数据，其中个别国家的统计口径可能略有差别，但这对于理解知识密集型服务企业的整体发展趋势并无影响。

（一）美国

美国是知识密集型服务企业发展最早的国家之一。美国的KIBS是在19世纪末新兴工业的崛起，尤其是在第二次世界大战以后，伴随着美国科学技术和经济的快速发展而得到较快发展的，这类企业以科技咨询业为代表，目前国际知名的KIBS绝大多数是美国企业。

1970年美国服务业的产值占GDP的比重就达到了61.9%，而工业所占的比重仅仅为33.1%，农业仅为5%。在这一时期，知识密集型服务企业的产值占服务业总产值的比重为15.9%，而占整个GDP的比重仅为9.8%。但从70年代开始，知识密集型服务企业持续高速增长。仅咨询业的年平均增长率就达到25%~30%。随着工业经济发达国家在20世纪80年代末至90年代初开始进入知识经济时期，美国的KIBS也开始进入更加高速的增长期，这类企业对GDP的贡献比重快速升高。至2000年，知识密集型服务企业的产值占服务业产值的比重高达29.1%，而占GDP的比重则达到22%。2004年，美国服务业规模9.02万亿美元，占全球服务业规模的32.12%。2000~2005年，美国金融服务业增长了21.82%，教育和健康产业增长了18.91%，均超过了服务业的平均增长率。目前，美国知识密集型服务业中的信息服务业、金融服务业、教育培训业、专业服务业、商务支持产业的总量已经超过4万亿美元，占美国经济总量的32%，接近服务业总体规模的一半。而美国的对外咨询服务贸易收入，估计每年都在600亿美元以上。

（二）日本

1970年，日本的工业仍是相当重要的经济活动，其产值占GDP的45.2%，服务业占48.9%，农业占5.9%。而在服务业中，知识密集型服务企业的发展较为薄弱,只占服务业产值的14.6%,占GDP的7.2%。

随着企业对知识的重视程度日益加大,知识密集型服务企业开始获得更多的资源,从而迅速发展,占GDP的比重不断上升。至1998年,知识密集型服务企业占GDP的比重由1970年的7.2%上升至13.6%。在年成长率方面,知识密集型服务企业也是成长最快的产业,其年平均成长速度一直高于服务业的平均成长速度。

2005年,第三产业占日本GDP的比重已经达到63%以上。从服务业的贡献度看,批发零售、租赁与汽车服务、信息与通信业占据前三位。日本的知识密集型服务企业发展呈现出高度的集聚状态。2004年,东京服务业的总收入达到41.22万亿日元,不但在日本城市服务业中排名第一,并且比排名第二的大阪高出18个百分点。大阪、神奈川和爱知三大地区的服务业收入总和仍然比东京少9.37万亿日元。东京服务业的企业平均规模为17051万日元,是日本服务企业平均规模的2.1倍。另外,东京服务业的就业人数为日本全国的16.87%,劳动力报酬总额为日本全国的22.13%,薪资水平达到了全国服务业平均值的1.31倍。

高端要素的高度积聚造就了东京现代服务业的强势地位。东京GDP一直占日本GDP的30%左右,全日本资产超过10亿日元的大公司有近一半在东京,45%以上的上市企业也集聚于此;信息发布占到全国的1/3以上,网络服务的集中度高达80%;银行在东京所发放的贷款占到其融资总额的41%,证券交易更是占了86%,是日本的金融和管理中心,同时也是世界第三大金融中心,是日本最大的商业、服务业中心,服务业占地区GDP的比重达到80%以上。

(三) 芬兰

北欧国家芬兰是最早对知识密集型服务企业投入研究的国家之一,它的研究数据相对比较全面。芬兰1975年的产业结构中,服务业产值占GDP的比重达到51.1%,工业占38.6%,农业占10.3%,农业所占的比重有相当大的部分得益于渔业发展的贡献。1975年的服务业结构中，知识密集型服务业的发展相对薄弱，仅占13.3%。在随后的产业结构变迁中，知识密集型服务企业产值占GDP的比重从1975年的7.5%已经上升到2000年的13.3%。工业所占的比重则呈现下滑趋势，1992年的工业比重下降到29.1%的历史最低点，1994年后重新回升至30%以上。近年芬兰工业所占比例的提升与其高科技制造业的发展有直接关系，特别体现在无线通信产业（手机）的发展上。

近20年来，芬兰经济体的投入资源主要向知识密集型服务企业和高科技制造业转移。1981~2000年，高科技制造业平均年成长率都超过18%，其中主要贡献来自于电子与通信设备业，来自这一产业的产值占高科技制造业产值的94%，全球最大的手机制造公司诺基亚即来自芬兰。而服务业方面，知识密集型服务企业的成长也相当迅速，1991~2000年的年平均成长率高达9.7%。

二、部分国家知识密集型服务企业发展政策[①]

前面对行业发展的分析明显说明知识密集型服务企业正处于高速发展过程中。发达国家纷纷出台相关的政策以求更好地促进这类企业的成长，推动知识创造、传播和应用，进而促进国家经济成长，增强国际竞争力。根据OECD的研究，推动知识密集服务企业发展要着重强调塑造对发展KIBS有利的条件和环境。

下面具体分析北美、欧盟等区域部分发达国家针对KIBS的政策措施与具体做法。

---

① 根据李瑞珠：《知识密集服务业发展策略之探讨》，《台湾经济论衡》，2004年第9期，第21~25页部分内容整理编写。

（一）北美

北美是全球经济最为发达的地区之一，也是 KIBS 发展最为迅猛的地区，这一地区 KIBS 的蓬勃发展与各国具体的政策支持是密不可分的。

1. 美国

20 世纪 90 年代，美国知识经济蓬勃发展，表现为高成长、高生产力、低物价与低失业。究其原因，在于美国政府构建了有利于企业创新及创业的环境，对于咨询与信息通信技术（ICT）产业大量投资，并采取了正确的配合措施等。

美国建立了全球最自由开放和规模最为庞大的资本市场，市值高达 17 万亿美元，这是产业扩张发展的坚强后盾。美国的创业投资产业也是全球最为活跃的，1999 年美国创业投资金额超过 400 亿美元，其中 63% 投资于知识经济发展核心的 ICT 产业，这种创业投资基金也是将知识转化成新产业的动力。创业投资公司不但是新兴公司的主要出资者，更进一步成为这些新兴企业的财务及企业管理顾问，协助新兴产业的顺利发展。在美国产、学、研的合作模式之下，全美各研究机构成立育成中心，成为知识与创意孕育的摇篮。

美国政府在 1986 年通过了"联邦科技移转法案"（Federal Technology Transfer Act），建立国家实验室与企业合作进行研发的机制，加速推动技术转移与商品化。1993 年成立了"全国绩效评价委员会"（National Performance Review Committee，NPR），负责推动政府的再造工作，并于同年 9 月 7 日提出一份政府再造计划，定名为"从烦琐程序到具体成果：创造节约与高效能的政府"（From Red Tape To Results: Creating A Government That Works Better And Cost Less），这项计划包括 384 项改革建议，指出建立企业型政府才是改革的最佳方法，积极运用信息技术以简化行政流程，检讨废止不必要的管制法规，推动政府业务外包，精简政府组织，进行功能重新定位等。

1997年美国政府公布了"全球电子商务框架"(A Framework for Global Electronic Commerce),界定了美国政府建构全球电子商务的主要原则与推动策略,主张由政府完成电子商务基础设施,而企业则按照市场机制决定具体的发展方向,政府应避免加诸新的或不必要的法规。

另外,美国政府还同时采取了三个重要的经营策略:一是控制财政收支;二是加强投资教育与科技;三是积极拓展国外市场。美国在2003年公布了"综合预算调节方案"(Omnibus Budget Reconciliation Act),期望能通过削减政府开支与2002年达成预算平衡。此外,美国政府认为人力资源开发才是知识经济发展的核心,因此积极投资于教育及科技发展。一方面,美国吸引了全球顶尖的科技人才,积累了大量研发成果;借助信息产业基础建设及电子商务的推动,使信息通信产业成为带领经济成长的主力;同时,信息技术在管理上的运用大幅提升了传统产业的竞争力。另一方面,美国积极提升金融市场效率,使资金能有效运作,新兴产业不断涌现,成为经济持续成长的动力。此外,美国致力于拓展海外市场,掌握互联网发展的商机;善用信息技术,领先发展全球运营管理模式;并通过国际合作,整合技术标准与法律规范,积极保护知识产权,以保障知识创新者的权益。

2. 加拿大

加拿大并没有制定针对知识密集服务企业发展的特定政策,但政府采取的主要相关手段包括维持总体经济稳定,并借由创新、自由贸易、投资、人力资源发展、市场体制相关法规及世界一流的通信基础设施等来增进单个企业的竞争力与生产力。不过,在健全创新体系的措施方面,加拿大政府于1996年建立技术伙伴关系(Technology Partnerships Canada,TPC),投资于关键技术的研发活动,以协助加拿大中小企业提升国际竞争力、促进创新研发及研发成果的商业化。

(二) 欧盟

欧盟制定六大政策以发展知识密集服务业，包括提升生产力，增加就业机会，加大外包市场的竞争，推动产业合作，提高企业服务供需，推动公共行政现代化。其中有代表性的工业先进国家包括德国、英国、法国等，也都有其各自的发展政策。

1. 德国

德国政府强调发展任何产业都需要稳定成长的总体经济环境。德国的服务业即明显受益于完善的基础设施、训练有素的劳动力、广大的市场以及具有国际竞争力优势的产业部门。德国政府在推动KIBS方面采取了多方面措施，主要包括对服务部门员工提供专业训练、强化制造业部门与服务部门信息的流通、对创业投资资金提供便利政策、国内市场自由化、服务贸易自由化政策等。

2. 英国

英国贸工部发展KIBS的政策措施包括改进服务业的质量标准及认证方式、鼓励管理咨询专业服务的发展、鼓励技术与产品设计服务发展、排除技术国际认证障碍及跨国就业障碍、协助相关技术及信息服务业发展、支援中小企业等。英国统计局致力于改善知识密集型服务业的统计资料品质，充实资料的完整性，并积极参与国际合作开发相关的竞争力指标系统。

3. 法国

法国积极推动认证专家系统，建立服务业的国家认证标准制度，包括专业咨询服务（Offices Perffessionnels de Qualification）、工程技术服务等领域的厂商技能认证制度。此外，还包括向咨询服务业提供地区性发展基金，增进中小企业获得咨询或技术信息等专业服务的渠道；通过电子商务、线上信息服务、互联网的发展以及加密软件使用的自由化等措施，积极扶持创新型厂商进行新技术开发。

三、北京知识密集型服务企业发展概况

在我国，知识密集型服务企业正面临着前所未有的发展机遇。改革开放以及城镇化战略的实施，为知识密集型服务企业的发展提供了更为广大的发展空间；经济和社会发展为知识密集型服务企业的发展提供了有力的需求支撑。知识密集型服务企业的发展得到了国家科技部等有关部门的重视，科技部在2001年度国家软科学研究招标项目中就列入了"知识型服务业发展战略研究"课题，相关研究报告包括《首都知识型服务业发展战略研究》和《上海知识产业发展的前景预测》，其他一些中心城市也纷纷展开对知识服务业的研究工作。然而，我国服务业特别是知识密集型服务业的区域发展水平极不平衡，沿海和内陆一些大城市特别是北京、上海、深圳等地KIBS借助优越的地理环境和政策优惠迅猛发展，占GDP的比重不断提高，而西北、东北等地区服务业的发展十分滞后。

北京市作为我国的首都和国际化大都市，是我国的政治、经济和文化中心，同时又是我国2009年刚刚确定的20个服务外包示范城市之一，2008年知识密集型服务业增加值占到GDP的45.7%，占第三产业的62.4%。知识密集型服务业的兴旺发达是北京现代化经济的一个显著特征，也是衡量北京地区社会经济科技发展是否持续健康稳定的重要指标之一。近年来，北京的知识密集型服务企业迅速发展，已经在服务业和区域GDP中占据了重要地位，对促进经济发展和优化产业结构起到了举足轻重的作用。

2006年3月，《中华人民共和国国民经济和社会发展第十一个五年规划纲要》提出，坚持市场化、产业化、社会化方向，拓宽领域、扩大规模、优化结构、增强功能、规范市场，提高服务业的比重和水平。大力发展主要面向生产者的服务业，细化深化专业化分工，降低社会交易成本，提高资源配置效率。适应居民消费结构升级趋势，继续发展主要面向消费

者的服务业,扩大短缺服务产品供给,满足多样化的服务需求。北京作为国家的首都,是全国的经济、政治、科技、文化中心,经济发达,人口密集,具有发展服务业的区位优势、资本优势、技术优势、人力资源优势、市场优势。大力发展知识密集型服务业,是实现北京市城市发展目标定位的重要措施。《北京市国民经济和社会发展第十一个五年规划纲要》提出:加快发展现代服务业,不断优化首都金融发展环境,积极支持金融机构推进产品和服务创新,着力推动产权交易和风险资本市场发展。制定支持文化创意产业发展的地方法规和优惠政策,打破行业垄断,鼓励资源重组,强化资金扶持,重点发展六大文化创意产业。抓住奥运契机,打造世界一流旅游城市和国际会展之都。以"稳步发展、优化结构、稳定价格"为目标,引导房地产业健康发展。改造提升商业等传统服务业,加快物流业发展。积极发展各类社会中介服务。2010年第三产业的比重已达到72%左右。

2012年2月15日《北京市"十二五"时期生产性服务业发展规划》正式公布,这是全国首个生产性服务业领域的五年专项规划。规划提出,"十二五"末期,力争实现生产性服务业增加值翻一番,占服务业增加值的比重达到70%左右,占全市GDP的比重达到53%左右,对首都经济的贡献度进一步提升。规划提出,依托六大高端产业功能区,设立中关村创新指数、CBD商务指数、金融街金融指数、奥林匹克文体指数、临空经济区航运指数等,构建"北京服务"指数体系,注重与区域原有品牌性活动的联动,通过举办或承办全球性会议、展览与论坛,参与国际性联盟等方式,扩大"北京服务"指数体系国内外影响力。

"十二五"期间将实施生产性服务业千亿元级"品牌企业"培育工程,支持央属服务企业、市属服务集团、民营服务集团跨国别、跨领域经营,鼓励服务龙头企业通过兼并、重组、上市等方式进行资本运作,采取加盟、连锁、托管等方式,实现规模化发展,增强国内、国际品牌影响力。

这些政策措施对北京市知识密集型服务业的发展起到了有力的推动作

用，知识密集型服务业的收入、就业人数和机构数量持续增加。但由于统计口径的差别，不同年度基本数据的分类变动很大，指标与数据的连续性较差。因此，要对北京市知识密集型服务业的发展状况做出客观全面的分析难度很大。但是，为了尽可能对 KIBS 的发展状况有较为全面的认识，我们还是设法对来自各种年鉴的数据和部分研究报告的二手数据进行了尽可能的合理归并，希望能基本反映北京市知识密集型服务业的发展现状。

（一）金融业

金融业是北京知识密集型服务业中集中度高、辐射力强的支柱产业。《北京市"十二五"时期金融业发展规划》明确提出了"十二五"时期首都金融业发展的指导思路、发展目标、重点任务和政策措施。规划提出，"十二五"时期，要以推动首都金融业科学发展为主题，以金融促进加快转变经济发展方式为主线，加强首都金融的大协同、大服务、大发展。要进一步巩固国家金融管理中心功能，不断优化首都金融生态环境，着力完善金融组织体系、金融市场体系，加强培养金融高端人才，深化金融创新，提升首都金融软实力，打造国家金融创新中心、国家支付清算中心、国家债券市场管理中心、全国股权投资中心、全国财富管理中心、全国金融人才中心，基本形成具有国际影响力的金融中心城市框架。2012 年，北京市金融业实现增加值 2592.5 亿元，同比增长 14.4%，占地区生产总值的比重为 14.6%。金融业对北京市经济增长的贡献率达到 24.7%，居各行业首位。金融行业依然是带动北京市经济增长和财政收入增长的第一支柱产业，战略产业地位进一步巩固。

在北京市几项重点金融工作方面，截至 2012 年末，新三板共有挂牌企业 200 家，其中北京地区 175 家。北京在主板、中小板、创业板上市公司家数分别为 126 家、38 家、53 家，总数稳居全国第二。

在科技金融领域，2011 年北京市政府联合国家发改委等九部委印发《关于中关村国家自主创新示范区建设国家科技金融创新中心的意见》（京政发〔2012〕23号），确立了建立国家科技金融创新中心的目标、任务和体制机制安排。中关村创业投资引导资金与美国国际数据集团（IDG）等机构合作设立了22只子基金，2012年新增6只，合作规模达100.3亿元。

"十二五"期间，北京将加快推进国家科技金融创新中心建设，充分发挥中关村科技金融创新中心的先行先试作用；探索发行房地产信托投资基金，建立保障性住房长效融资机制；引导商业保险参与多层次社会保障体系建设，积极争取个人税收递延型养老保险试点政策，鼓励健康保险参与北京医药卫生体制改革；积极争取国家在消费金融、信用销售领域的政策创新在京试点；大力实施"三通"工程，完善便民支付体系，丰富拓展支付渠道，推动社会管理创新；加大对城乡结合部改造、小城镇建设、新型农村社区建设、沟域经济发展、乡村旅游产业发展、农业科技城建设等重点领域的融资支持力度；发挥北京作为文化中心和国际交往中心的优势，大力发展特色金融文化，塑造首都金融文化品牌。

（二）软件和信息服务业

软件和信息服务业是北京市增速最快的产业之一。2000~2009年，北京软件和信息服务业增加值由164.4亿元提升到1066.5亿元，年均增长率高达23.1%，占北京市GDP的比例也由5.2%提升到8.8%，居全国省级区域首位。

在实施"人文北京、科技北京、绿色北京"战略、建设"世界城市"的历史进程中，北京将软件和信息服务业作为重大战略性支柱产业之一，将提升自主创新能力，促进经济发展方式转变，加快经济结构调整，发挥核心支撑和高端引领作用。"十一五"时期，世界软件产业进入转型发展的新阶段，产业规模超过万亿美元，年平均增速约6.0%。中国软件产业处于高速成长期，技术创新能力快速提升，产业规模不断扩大，规模突破万亿元，年平均增速为29.2%。中国成为全球增长最快、最具活力的市场，在全球软件产业链中的地位不断提升。

通过"十一五"时期的发展，在产业规模和产业发展资源上，北京已初步成为有世界影响力的软件和信息服务业城市。

2010年，北京软件和信息服务业实现业务收入2930亿元，其中，软件产业实现业务收入2425亿元，2006~2010年均增长21.6%。北京软件和信息服务业形成了涵盖信息传输、基础软件、应用软件、信息技术（IT）服务、信息服务、嵌入式软件、集成电路（IC）设计等完整的产业链。

在行业应用软件方面，以政府、金融、电信、制造业、能源、教育等领域的行业解决方案为代表，收入规模占全市的36%，约占全国市场的1/3。在信息服务方面，以互联网信息服务、IT外包、数字内容为代表，收入规模占全市的27%，成为全国互联网信息服务中心和极具竞争力的全球新兴接包地之一。以移动互联网、云计算、物联网和电子商务等为代表的新兴领域收入增速超过50%，正在形成新的产业增长点。

统计显示，2010年，北京年收入10亿元以上的软件和信息服务企业超过40家，占全行业业务总收入的比例超过40%，比2006年提高6个百分点。在中国软件业务收入前百家企业、国家规划布局内重点软件企业中，北京占全国的30%左右。

中关村国家自主创新示范区的软件和信息服务收入占全市的82%，呈现出在中关村科技园区高度聚集的布局态势。中关村软件园及上地信息产业基地聚集200余家企业和35家国际知名软件研发中心，是全国经济规模最大的软件和信息服务产业基地，培育了一批国内领先、国际知名的企业，正向一流的世界软件和信息服务业园区迈进。

《北京市软件和信息服务业"十二五"发展规划》指出，随着国际主流厂商发展软件、硬件、运营、服务一体化的整合平台，北京企业的市场空间和利润空间受到挤压。加快软件和硬件的融合发展，形成一批"软件拉动硬件发展，硬件带动服务消费"的自主平台产品已成当务之急。在"十二五"期间，北京市将着力建成智能手机、网络社交、平板电脑、网络电视、电子书、企业应用、位置服务、视频聚合、个人应用软件、电子商务十大国际上最为前沿的新兴产业链平台。

根据《北京市软件和信息服务业"十二五"发展规划》,"十二五"期间,北京市将继续扩大北京软件和信息服务业在全国的领先优势,进一步增强首都的支柱产业地位,培育一批具有全球竞争力的大型企业,成为全球软件和信息服务业创新中心。具体目标是:产业规模在全球知名软件城市中位居前列,总营业收入为6800亿元,年均增长19%以上;在首都经济发展中的支柱产业地位更加巩固,产业增加值占地区GDP的比重为12%左右;产业结构更加优化,软件服务的比重超过60%,新兴业务收入比重超过20%;成为世界最具潜力接包地之一,出口额力争达到45亿美元;培育一批具有全球竞争力的大型企业,营业收入过百亿元的企业超过5家。

2010年10月,北京市经信委发布了《北京"祥云工程"行动计划》,提出在2015年,使云计算的三类典型服务——基础设施服务、平台服务及软件服务形成500亿元产业规模,由此带动云计算产业链形成2000亿元产值。截至2011年10月,在云计算领域,中关村软件园已聚集了30余家云计算产业链上下游企业,从业务范围上看,几乎覆盖了云计算产业链上的所有层次。

(三) 科技服务业

科技服务业是指运用知识、技术和信息,从事研发活动,提供智力成果服务的行业,主要包括研发业、设计业、检测业和科技中介业。北京科技服务业发展呈现科技应用加速化、研发交流国际化、产业分工细致化、发展领域梯次化和融资渠道多元化等主要特点。

近几年,北京市科技服务产业实现了快速发展,对经济贡献度稳步提高,已经成为首都经济的支柱产业、凝聚高端人才的重要载体。初步统计,2007年科技服务业实现增加值533.6亿元,增长23.1%,增幅同比提高 2.7 个百分点占 GDP 的 5.9%。2009 年，科技服务业实现增加值 793.7 亿元，占 GDP 的 6.7%，占服务业和生产性服务业的比重分别达到 8.8% 和 13.5%；限额以上科技服务业利润总额从 2005 年的 75.6 亿元增加到 2008 年的 196.8 亿元，年均增长率为 37.56%。

伴随着科技服务业逐步发展成独立的创新型产业，北京产业竞争优势明显，形成了研发、设计、技术推广三大重点领域，对外服务水平逐步提高。数据显示，北京科技服务业与其他城市及全国平均水平相比，整体实力较强。2008 年北京共实现收入 3785.8 亿元，占全国科技服务业总收入的 31.9%，是上海科技服务业收入的 3.8 倍，是深圳科技服务业收入的 11.5 倍。北京科技服务业收入占第三产业的比重高达 8.32%，远高于上海和深圳的 1.87% 和 3.09%。

北京科技服务业对全国的辐射能力不断提高，2009 年北京技术市场实现技术合同成交额 1236.2 亿元，占全国技术合同成交额的 40.68%，其中，输出外省市和技术出口合同成交额占北京技术市场合同成交总额的 70% 左右。

北京创新能力逐步提高，科技产出成果丰硕。2008 年，北京承担"863"项目 1672 项，支撑项目 945 项，"973"项目 178 项，承接了集成电路制造装备、重大新药创制等一批国家重大科研项目和科技基础设施项目，积极推动一批科研成果产业化。目前，北京已拥有超过 350 家外资研发机构，世界 500 强企业中有 46 家在北京设立了独立研究机构。

为加快发展科技服务业，发挥北京丰富的科技智力资源优势，强化科技对经济社会发展的支撑引领作用，北京市科学技术委员会于 2012 年 2 月 17 日正式发布了《关于进一步促进科技服务业发展的指导意见》。该意见指出，"十二五"期间，重点促进研发服务、设计服务、工程技术服务和科技中介服务快速发展，培育一批有规模的重点企业、一批拥有特色专有技术的中小企业和一批有市场能力的科技服务机构。优化完善科技服业空间布局,建立一个资源充分利用、服务规范高效、增值效果突出的产业支撑体系,进一步增强科技服务业在经济社会发展中的支柱地位,把北京打造成为具有全球影响力的科技创新中心和科技服务中心。

(四) 商务服务业

商务服务业包括企业管理服务、律师及法律服务、会计审计及税务服务、市场调研、广告业等行业,具有明显的专业技术性。商务服务业是主要服务于商贸、商务等经济活动的产业群,是知识密集型服务业和生产性服务业的重要组成部分,也是营造城市良好发展环境的支撑条件之一。商务服务业兼具知识密集型、资金密集型和劳动密集型特征,其中多数行业以提供专业知识服务或专业技能服务为主,属于低耗、高效的绿色产业,符合首都服务业的发展方向。

2000~2009年,北京商务服务业增加值由118.8亿元迅速提升到1062.5亿元,年均增长率高达23.8%。2011年,北京市商务服务业增加值1135亿元,占北京市GDP的7.3%。截至2012年底,北京共有886座5000平方米以上的商务楼宇,总建筑面积达3300万平方米,入驻企业8.1万家,其中入驻商务服务业企业近6万家,占比在74%以上。2010~2011年,商务服务业增加值年均增长20%左右,2011年达1000亿元;限额以上商务服务业企业法人单位主营业务收入年均增长20%左右,2011年超过4000亿元。

全球排名前50的咨询公司中,已有35家进入北京;世界十大会计师事务所中,已有6家进入北京,其中德勤、安永、普华永道、毕马威排名前4位的会计师事务所都已进入北京。在本市商务服务业中,法律服务、咨询与调查服务、知识产权服务等行业的实力均处于国内领先地位。在全国百强管理咨询公司中,北京有57家;在全国30强律师事务所中,北京有22家;在全国综合排名前20位的会计师事务所中,北京有14家,北京市职业律师占全国的11.9%;北京知识产权代理机构约占全国的1/4,

代理专利申请量占全国的28%，其中代理境外向我国申请的专利量占全国的71%。

《北京市商务服务业振兴发展规划》指出，北京市正力图将自身打造成为一个具有更强市场竞争力和广泛国际影响力的商务服务业中心城市，使商务服务业的支柱产业地位进一步强化，行业发展的国际计划程度继续提升，增强商务服务业的楼宇集聚效应，初步建立比较完善的商务服务业发展促进体系。

第三节　知识密集型服务企业的成长路径模型

一、知识密集型服务企业的成长背景

知识密集型服务企业萌芽于工业革命前，初步发展于工业革命到二次世界大战时期，确立于20世纪80年代，20世纪90年代至今进入新的发展时期。KIBS是顺应社会经济发展的要求而逐渐产生和发展起来的，它是科学技术不断发展的结果，是经济发展到一定阶段的必然产物。具体分析，知识密集型服务企业产生和发展的背景主要有以下几方面内容。

（一）分工细化

产出过程的日益复杂导致更为精细的分工是知识密集型服务企业的基本成因。高度竞争的环境，复杂的生产技术和新兴的专业服务企业的出现都促使企业逐渐将价值链的某些环节从自身的核心业务中剥离出去，外包给更加擅长从事这种业务的企业，这直接导致了知识密集型服务企业的出现。而更多的这种外包（或称为资源外取）活动则进一步促进了知识密集型服务企业的发展，也促使产业体内的分工更加精细。

第三章　知识密集型服务企业的发展历程与特征分析

目前，在发达国家，企业资源外包呈明显增加之势，且其外包业务大部分是服务业，而外包业务收入中知识密集型服务的收入比例要远远高于其他服务行业。美国采购协会 1997 年的调查表明，年收入在 8000 万美元以上的公司外包服务增加了 26%，信息技术服务的外包占全部外包支出的 30%，人力资源服务占 16%，市场和销售服务占 14%，金融服务占 11%。在欧洲，信息技术服务的外包增长最快。在日本，1997 年的调查表明，工作培训（占 20.1%）、信息系统（占 19.7%）、生产方法（占 17.4%）、会计和税收（占 14.0%）、研发（占 13.7%）等服务项目是外包的主要项目。①从中可以看出，企业的这种外包需求促进了服务业尤其是知识密集型服务企业的快速成长，这类企业占外包业务总量的极大比例。

（二）新兴技术的产生

新兴科技的开发衍生出一些新兴产业。随着经济的迅猛发展，出现了大量新兴技术，这也导致了一部分新兴知识密集型服务企业的出现，并同时大幅度拓宽了传统知识密集型服务企业的服务种类和服务途径。例如，信息产业就是随着信息技术的迅猛发展而出现的。随着企业对信息技术的需求日益加大，知识密集型服务企业中出现了一类新兴的基于信息技术的新型服务企业。这类企业主要为客户提供计算机软硬件、网络和通信服务以及 IT 咨询，以发展速度快、收入高著称，在整个 KIBS 收入中占相当大的比例。而且，信息技术也为传统的 KIBS 提供了新的服务途径和互动方式，例如电话会议、EDI、互联网等都可以降低 KIBS 与客户之间的沟通成本。此外，半导体设计和环境保护服务也属于这种情况。

（三）对基础服务需求的增加

企业对基础服务的需求导致出现一部分新兴的 KIBS。随着科学技术

---

① 马春：《现代生产性服务业发展趋势》，上海情报服务平台网站，http://www.istis.sh.cn，2004 年 5 月 8 日。

的日益发展，对企业来说，与技术相关的基础服务的重要性日益提高，需求也日益增加，相关的新兴服务业随之产生，如专利代办、技术中介等服务。

（四）对知识的需求增加

企业对知识的日益重视促进了 KIBS 的发展。随着科学技术知识逐渐成为生产与服务的重要乃至唯一资源，企业开始日益重视这种无形资产的中间投入，借以促进产品的创新并提高企业的竞争力。对知识这种无形资产中间投入的需求增加，也是促使知识密集型服务企业成长的重要原因。这种对于知识资源需求的增加，主要是源于市场竞争的加剧、科技进步以及创新可能带来的利益。近年来，在发达国家，企业对于知识的需求迅速增加，这有效促成了知识密集型服务企业的快速发展。

根据统计，德国服务业的成长只有 1/3 来自于企业的外包活动，有高达 2/3 是由于企业对于知识中间投入的需求增加所致。对德国的制造业来说，其服务的中间投入占制造业总体产值的比重由 1978 年的 2% 快速攀升到 1996 年的 20%。[①] 如果从知识密集型服务的中间投入占整个经济体所有中间投入支出总额的比重来看，各个发达国家知识密集型服务在中间投入中所占比重都有极大提高。

（五）经济全球化

经济全球化带动了 KIBS 的全球化。工业生产的国际化产生了对会计、法律、和管理等服务的需求，促进了 KIBS 的出口和国际间的直接投资。尤其是我国加入世界贸易组织之后，在开放环境下，国际 KIBS 向我国的转移速度更快。仅以著名的跨国咨询和审计企业为例，麦肯锡、罗兰贝格、波士顿和四大会计师事务所已相继进入我国市场。

---

① 林炳中：《知识服务时代之知识密集服务业探索》（经济部研究报告），台湾经济研究院，2002 年，第 20 页。

KIBS的国际转移在进入时机、地区和产业部门选择及进入方式方面有其自身的规律性,除了市场扩张外,很多KIBS的扩张活动都是为了更好地满足客户的需求而跟随其客户的全球化步伐。例如,戴尔在中国设立生产制造中心,就带动了与其有业务往来的物流企业来到中国设立分支机构,这些KIBS在满足戴尔需求的同时也努力开拓其在中国市场的业务,在新的市场上寻求新的发展机会。

(六) 政府相关政策

政府相关政策干预直接导致了某些KIBS的发展壮大。政府的政策干预包括两种情况。一种是随着经济的发展,为了实现对企业行为的约束和控制而进行的政策干预。政府通过制定相关政策,要求企业的某些业务必须交由第三方企业完成,如审计、项目评估等带有监督性的业务。这促进了某些知识密集型服务企业的发展壮大。例如,国家相关政策规定企业必须聘请专门的注册会计师事务所审计。另一种是由于经济的发展出现了一些新的问题,这直接导致政府干预,从而促成一些新兴知识密集型服务企业的出现。例如,经济发展往往会造成环境污染或资源消耗,如空气污染、水污染、水资源消耗等,为避免这些公共财产被肆意地破坏与无限制地使用,政府制定了相关的管制措施与环保标准,这也是产生环境服务需求的最原始动因。这些管制措施与环保标准强制企业采取相应措施处理污染,直接创造了对环境服务的需求,从而支撑了整个环境服务市场最初的发展。

(七) 管制与保护的解除

从纯粹的经济效益来看,政府对弱势产业的保护或不当补助,以及对某些新兴领域设置非经济因素的管制,可能都不利于整个经济体系的"新陈代谢",进而导致资源的转移受到限制,产业结构的转型也受到影响。服务业是一个深受政策及法律影响的行业,尤其是对于知识密集型服务企业来说更是如此。在许多国家,银行、远程通信等行业都受制于复杂烦琐的法规条例,即使是对服务业管制最为宽松的美国,也只是自20世纪70年代末才开始不再直接干预远程通信业、银行业和公用事业。政府放松对服务业的管制与垄断是当今世界的一大趋势,许多欧洲国家的政府因不堪维持由国有企业提供各种公用事业服务,也开始参照美国模式来鼓励公共服务业的市场化运营。例如,全球无线通信产业的发展就发生在相关的管制解除后,正是这种管制的解除促进了无线通信技术与服务的蓬勃发展。我国政府也在积极探索服务业的市场化运作,政策鼓励范围已经涉及污水处理等原先由政府一手操办的公益设施服务。

二、知识密集型服务企业的创立模式

结合具体案例以及Builderbeek,Hertog等学者对知识密集型服务企业的来源进行分析,KIBS的产生和创立有以下几种比较重要的模式。①

(一)创始型

创始型是指通过企业家创新精神建立的KIBS企业。具体而言,是个人离开原来的企业、研究院所或大学,通过企业家精神新成立的企业。一些小型咨询公司经常是由这种方式建立起来的,很多计算机服务企业、软件或网络设计企业等也都是通过这种方式建立。这些创建KIBS的个人往往在某一专业领域内具有卓越的知识和技能,这也是KIBS建立及发展的基础。

例如,曾一度垄断再造咨询领域的国际知名管理咨询公司CSC Index就是由Michael Hammer和James Champy创办的,他们也是最早提出企业流程再造理念的学者。中国最早的民办科技中介机构——北京等离子体学会先进技术发展服务部也属于"创始型"KIBS。这个服务部主要经营技术咨询业务,通过直接与企业合作快速地将科研成果转化为直接生产力。

---

① 部分资料来自蔺雷、吴贵生:《服务创新》,清华大学出版社2003年版,第173页。

它是由被称为"中关村第一人"的中科院物理所研究员陈春先创办的,同时陈春先也率先提出将中关村建设成"中国的硅谷"。

(二) 公共服务市场化型

公共服务的市场化是指政府、教育机构和科研院所等公共部门在预算压力下,将原先由自身支持或承担的具有公共性质的服务推向市场,重新进行市场化定位,使其成为商业化服务企业,如国家实验室的市场化和私有化、高等教育机构的市场化、孵化器和科技园的出现、作为大学副产品而建立的研发企业等。

以咨询公司为例,在美国现有的1300多家直接从事咨询业务的企业中,大学咨询机构约占其总量的10%。美国斯坦福国际研究所便是其中一例。斯坦福国际咨询研究所建于1946年,当时为斯坦福大学下属的一个机构,1970年随着业务的发展,独立成为美国的一个大型咨询机构。斯坦福国际咨询研究所实行董事会和理事会管理制度,成员都是科技界、教育界、企业界和政界著名人士。研究所根据业务需要下设六个部,此外还按学科分设了若干个研究中心。该研究所依托高校的人才、信息、科研优势,每年提交各类研究报告1000余篇,在美国对外战略、政策、国防与空间技术、美国与盟国的关系、能源供求问题、技术开发与转让、地区与城市规划、环境保护等方面成果颇多。由于该所经常接受世界各国的委托,为许多国家和地区制订经济发展规划,提供工业和市场状况、技术和产品的新发展、现代管理方法和规划等方面的咨询服务,因此,国际影响也很大,研究所与世界65个国家和300多家公司保持着业务联系,出版多种期刊以及不定期的论文集、研究报告和情报资料等,是国际咨询业著名的跨国集团和学术研究中心。

(三) 服务功能外部化型

这是KIBS企业的主要来源,指最初在企业内部由某一部门提供给其他部门的服务功能现在"外部化"为向更大规模的市场提供。这种发展模式在技术（特别是IT）服务以及某些设计、工程服务中非常普遍。从企业战略角度进行分析，这种模式可以理解为某一功能从母公司的组织等级向市场的转变。"服务功能的外部化"可以从三个方面加以解释：首先，母公司不再需要这种功能，服务功能闲置从而转向外部；其次，服务功能在企业内部交易的成本超出了市场交易成本，在市场上可能获益更大；最后，外部市场发育充分而产生对服务的需求，从而导致原有的内部部门开始向外部提供服务。

例如，宝洁公司（P&G）就成功地将其营销知识外部化为一个全新的营销服务企业。2001年上半年，宝洁公司认识到，它的实际营销知识是一项值得销售的产品，而不应该仅仅被捆绑进汰渍的箱子里、佳洁士的牙膏管中或者潘婷的瓶子里。宝洁公司不是专门建立一个营销部门，然后推动客户购买服务，而是与Worldwide Magnifi有限公司合资创建了一家独立的公司来提供营销咨询服务。该项目组合了前任宝洁雇员的实际营销知识、两家企业开发的软件以及Worldwide Magnifi数据库和数据存储中心。宝洁全球营销经理鲍勃·威灵说："创建这家新公司是与宝洁的要从类似于研究开发发明和营销实际知识等核心资产中获得更大的财务价值的愿望相一致的。"①

（四）重新定位型

这是指原先处在制造业部门或其他领域中的企业或组织通过重新定位而成为KIBS企业。例如，某些大型IT企业最初被定位为制造企业，但其利润来源和人员大部分存在于软件和系统整合的服务功能中，因此它可能重新定位成为KIBS，当前出现的制造企业向服务的转型在很大程度上就可以看做"重新定位型"KIBS的一种表现。其他类型的组织也可能通过

---

① 根据托马斯·A.斯图尔特：《"软"资产——从知识到智力资本》，邵剑兵译，中信出版社2004年版，第186页部分内容编写。

活动内容和重心的转移而成为 KIBS 企业，例如原先是标准和检测组织的标准局可以通过提供培训和开发服务而成为 KIBS。

IBM 公司是重新定位最为典型的案例。它曾是 PC 制造业的龙头，现在明显朝向服务业倾斜。1996 年 IBM 服务的营业收入只占 29%，而且大部分来自硬件维修收入，而 2001 年，IBM 服务的营业收入已经超过软硬件及其他部门，占公司营业收入总额的 59%。目前 IBM 所提供的服务不仅包括金融、能源、交通等各个领域的行业解决方案，也包括各类小型的硬件维修业务。2002 年 IBM 以 35 亿美元收购了全球四大会计师事务所之一的普华永道旗下的咨询子公司，将自己的全球服务部下属的业务创新服务部（Business Innovation Services，BIS）与普华永道咨询子公司合并，形成一个新的全球性部门——IBM 业务咨询与系统整合服务部（Business Consulting Services，BCS）。按照 IBM 的设想，BCS 将帮助客户组织梳理流程并整合所有的软硬件系统，以此拉动基础设施服务部门向客户销售 IBM 的解决方案、软件及硬件。2004 年底，IBM 更是宣布将 PC 部门出售给联想集团，IBM 希望通过 PC 部门的出售实现向高端产品和服务的全面转型。

（五）拆分重组型

拆分重组是指由原有的涉及多个领域的 KIBS 进行拆分重组形成新的、更为专业化的多个 KIBS。这种 KIBS 的拆分重组一般是由外部原因导致的：一方面是市场对于专业化的要求；另一方面是政策法规有时也会强制某些 KIBS 进行拆分。拆分重组最典型的例子就是四大会计师事务所管理咨询业务的独立。

20 世纪 70 年代，以审计业务为基础的会计师事务所开始进入管理咨询领域。到了 90 年代，世界"五大"会计师事务所已经在咨询领域占据了绝对主导地位。但是随着咨询业务在事务所收入中所占比例逐渐增大，它的弊端日益显著，许多研究指出，提供管理咨询服务会有损于审计工作的独立性。2001年"安然事件"的爆发直接导致安达信破产，也使得对审计工作独立性的讨论日趋激烈，这进一步加速了四大会计师事务所审计业务与管理咨询业务的分离。其中，普华永道选择了直接将其咨询部门出售给IBM，而毕马威则是将已经独立的毕马威管理咨询（KPMG Consulting）更名为毕博（Bearing Point）管理咨询公司，争取创立一个全新的完全独立于原有审计业务的品牌。

三、知识密集型服务企业的成长路径三阶段模型

通过对知识密集型服务企业发展历程的追踪分析，本书发现KIBS在最初出现时承担的是一种简单的辅助和中介类角色，并单独向客户提供服务。随着业务规模的扩大，它逐渐发展成为客户企业知识和创新的整合者和来源的角色，这种来源导致其成为除了公共知识库和私人知识库以外的第三类知识来源。这种将其视为一种新的知识来源和协调者的说法形成了关于知识密集型服务企业发展的三阶段模型，其相应阶段分别如图3-2、图3-3和图3-4所示。在模型中，公共知识库主要指传统的大学等高等教育组织、研究、技术组织、已经开放的专利以及一些为公共部门服务的中介性组织；私人知识库则指企业自有的研究机构等。传统的两种知识来源之间的交流较少，在社会经济体系中分别承担着不同的职能。公共知识库主要起到促进科学发展和教育进步的作用，而私人知识库则承担企业的研发创新工作。图中使用"〇"来表示知识密集型服务企业，最初的KIBS是白色的，后面阶段中起协调整合作用的KIBS是灰色，部分协调性的KIBS是浅灰色，而专业化的协调性服务机构则是深灰色。为了简化起见，模型中将服务提供商与客户之间的活动用单向箭头表示，说明这是一个较为简单的服务过程。而与灰色KIBS相连接的服务提供者之间是一种交互的关系，用双向箭头表示，表示双方之间要通过一系列的共同生产过程来获得整体解决方案。

第三章 知识密集型服务企业的发展历程与特征分析

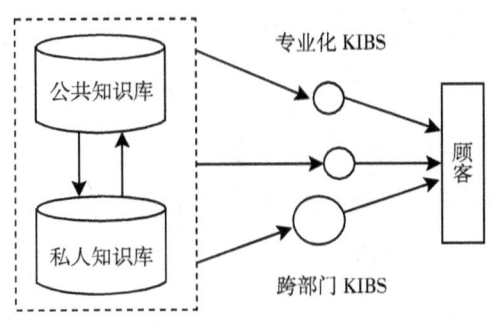

图 3-2 阶段一：萌芽阶段

资料来源：笔者绘制。

三阶段模型主要从知识库之间的互动关系以及 KIBS 提供服务的方式两方面来对这类企业的发展阶段进行界定。

在模型中，阶段一是 KIBS 的初始阶段，称为"萌芽阶段"。在这个阶段，公共和私人知识库只进行较少的交互，创新的过程主要在于形成新知识。在这一阶段顺应各个组织对知识的需求，出现了最早的 KIBS 企业，它的数量很少，还未构成一个完整的企业类别，不是独立的知识来源，其主要职能是担当中介的角色，将来自公共和私人知识库的知识提供给客户，这一阶段政府的相关政策主要集中于支持研发或知识库的提升。此时，KIBS 的各项服务是单独为客户提供的，由客户自己将所需的服务组

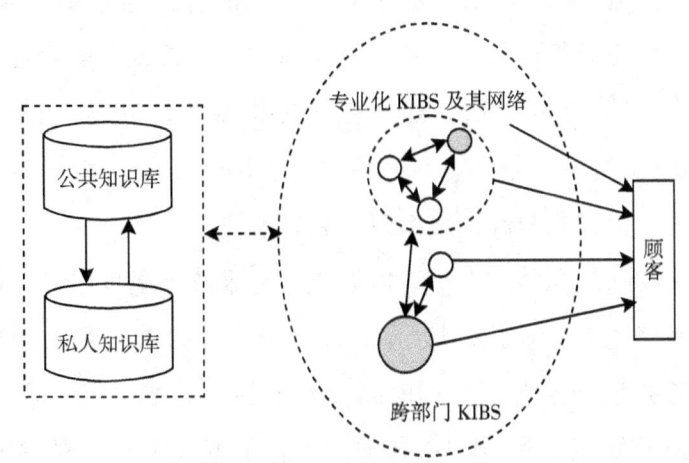

图 3-3 阶段二：成长与协作化阶段

资料来源：笔者绘制。

合协调。这时候也存在着跨部门KIBS和一些专业化KIBS,但是将服务和解决方案组合起来并不是由这些KIBS完成,它们担当的只是简单的中介角色,将公共和私人知识库的知识传递给客户。

根据KIBS的成长与运作模式将第二阶段称为"成长与协作化阶段"。在第二阶段中,KIBS已经成长为一类完整的企业类别,也成为一种新的独立的知识来源。在此阶段,公共和私人知识库之间的互动有显著增加,中介知识机构和企业的数量不断增长,创新过程强调形成和传递新知识,KIBS已经成为知识生产和传播的独立产业,网络化的观点开始形成。KIBS通过直接提供服务和间接推动起到了推动、传递、创造和整合知识资源的作用。KIBS所起到的直接作用一方面是一种新的知识的来源,与传统的研究机构以及高等教育部门等公共知识机构和企业的研发部门是类似的;另一方面则是一种间接推动力量,是创新的协助者和整合者。因此,在这一阶段,KIBS作为知识生产者以及连接知识生产者和知识使用者的中间桥梁,在增强知识传播和企业创新能力方面都起到了重要作用。

在这一阶段,出现了一些大型的跨行业的知识密集型服务企业,它们经常提供多方位且具有协同性的服务,而一些较小的KIBS则形成网络,另外还存在一些小型KIBS单独为客户提供服务。这种小型KIBS网络可能包括一个起主导作用的服务提供商,由它负责将服务整合在一起,而网络中的其他成员也可以独立地为客户提供服务。在这一阶段,不仅是KIBS的网络作为一个整体,组成网络的KIBS以及一些独立经营的KIBS都可能成为一个大型跨部门KIBS的转包商。

第三阶段则是在结构上呈现网络化、在服务上呈现专业化的阶段,因此称为"网络化与专业化阶段"。在这一阶段,公共和私人知识库之间的界限被打破并且开始有相当程度的交叉重叠,KIBS作为一种独立的知识来源与传统的知识来源之间也存在着大量的交叉合作,传统知识机构和KIBS之间的界限正在打破,三种知识来源在创新系统中彼此合作、相互

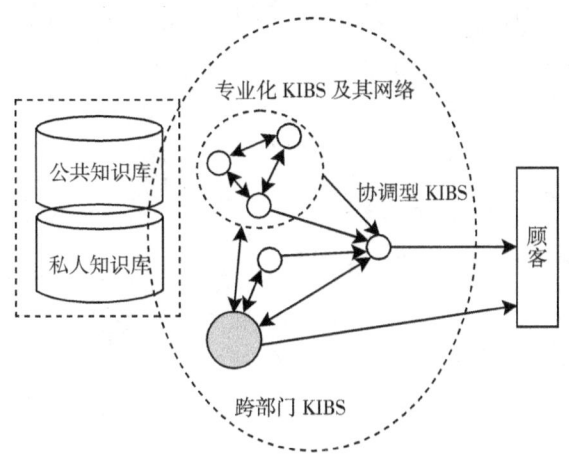

图 3-4　阶段三：网络化与专业化阶段

资料来源：笔者绘制。

融合。公共和私人组织开发知识管理系统并且积极寻求 KIBS 的帮助。来自各种领域的 KIBS 专家高度合作，而且专业人员的运作方式相对宽松，人员在不同组织间的流动性较高，这与目前许多研究机构和高等教育部门的专家开始进入 KIBS 领域的趋势是一致的。

在这一阶段，服务系统主要包括两个层次：服务提供者以及专业致力于整合业务的知识密集型服务企业，或者是能够协调各种服务的大型跨部门知识密集型服务企业。负责整合业务的 KIBS 要将来自小型 KIBS 网络、网络内的单个 KIBS、网络外独立运作的 KIBS 以及跨部门的大型 KIBS 的服务协调整合。同时，除了 KIBS 与传统知识来源之间存在大量交互以外，KIBS 之间——包括大型 KIBS 和小型 KIBS 或它们的网络之间都可能存在多种形式的协作关系。

第四章 知识密集型服务企业的流程结构与特征

第一节 基于知识的知识密集型服务企业的核心能力

核心能力是指一家公司拥有的知识，包含的技能与独特的能力。基于专业知识储备，提供满足客户需求的解决方案是知识密集型服务企业的一大特征。故此，对于知识的储备与恰当运用，是 KIBS 核心能力唇齿相依的两大方面。不幸的是，人们在专注于 KIBS 的知识输出与传播运用的同时，却对 KIBS 的知识积累与储备给予较少的关注。长此以往，KIBS 迟早要陷入老生常谈、江郎才尽的境地。因此，KIBS 要特别关注对其核心能力——知识的管理。

一、知识密集型服务企业的知识来源

对 KIBS 而言，在这竞争激烈的时代要维持竞争优势实在不易，知识是少数能提供可以维系的竞争优势的重要资源之一。知识能有效管理、发挥优势的前提就是能在组织内部分享；分享知识时，提供者不但丰富了接受者的知识，且仍保有本身的知识，或许更可进而创造出新的知识。仅仅

知道所需的知识存在于组织内的某个角落,并不可能带来收益;唯有当知识容易取得,而且其价值会随着使用程度的加大而逐渐升高时,它才算是真正有价值的组织资产。

知识密集型服务企业的核心资源就是知识,它是蕴涵了密集知识资产以及驾驭这种知识资产的专家的一类服务企业。它通过知识和信息的运用,为客户提供高知识附加值的服务。在提供服务的过程中,KIBS 同时担当着知识创造者和知识传播者两方面的角色。但是对于 KIBS 的知识来源问题,目前还缺乏比较完备和系统化的研究。结合国外学者关于 KIBS 的相关研究报告,从知识创造和知识获取两个维度来进行具体分析,KIBS 的具体知识来源主要有以下四种。

(一) 个人

人力资源是知识密集型服务企业开发和实施创新活动的核心要素,而个人也是知识密集型服务企业最为重要的知识来源。这种知识来源一般分为两种情况。一种是知识密集型服务企业由个人创立,其最初的知识来源是个人开发拥有的某种新技术或者新知识、新理念,这种技术、知识或理念具有重要的商业价值,可以作为企业的核心资源。例如,CSC Index 就因为 Michael Hammer 和 James Champy 提出的企业流程再造 (Business Process Reengineering, BPR) 这样一个新概念而成为该领域的知名咨询企业。与此类似,Renaissance Solutions Group 也因为 Kaplan 提出的平衡计分卡而一举成名。另一种则是在企业运作过程中,来自于专业人员的创造性。当客户组织出现问题时,专业人员会在与客户的交互活动中利用自身的经验和专业知识,提炼和组织与客户有关的特定知识,并将这种具有客户组织特性的知识和一般性的知识相融合,通过个人的灵感和创意创造性地解决客户的问题,同时也创造出新的知识,提高个人和 KIBS 的知识水平。

(二) 高校和其他研究机构

有相当数量的 KIBS 与高校或者其他研究机构保持着非常密切的联

系。这一方面是由于这些 KIBS 往往是由制造企业内部、高校或者公共研究机构中的某些服务功能"外部化"形成的，另一方面也是由于 KIBS 自身规模所限，研发投入较少，因此在为客户提供服务时，需要借助外部的知识源来获取相关的专业技术知识。这种情况在技术（特别是 IT）服务以及某些设计、工程服务领域中最为常见。

（三）其他 KIBS

这种知识来源表现为功能上不同的 KIBS 经常与其他 KIBS 之间存在相互依赖，例如计算机服务、技术工程服务和法律服务、审计服务间往往就存在着相互依赖。很多 KIBS 会基于这种依赖关系而相互关联形成一种具有相当强烈的内在一致性的"知识密集服务集群"，集群内部的企业之间存在着大量合作。

（四）客户

这是 KIBS 区别于其他企业的一种最为独特的知识来源。KIBS 在与客户共同解决问题的互动过程中，需要了解大量有关客户及其所属行业的知识，这也成为知识学习和积累的一种方式。如果公司集中力量在这一行业内发掘出更加丰富的知识资源，就能够取得在这一行业内专业领域的优势地位，其垄断地位也由此确立。例如，很多成功的管理咨询公司都在逐渐形成这样一种倾向，即为特定行业提供专业化的服务。

以上给出了知识密集型服务企业的多种知识来源，对于单个知识密集型服务企业来说，其知识来源并不是唯一的，一个 KIBS 能否成功在很大程度上是由其对来自多种渠道的凌乱的知识资源进行收集、整理和融合的能力决定的，因此，有必要对 KIBS 的知识管理战略进行研究。

二、两个企业案例的比较

对于 KIBS 来说，有一部分知识是保留在企业成员头脑中的，但也有相当一部分能够数字化被整理成相应文档或被存储在数据库中，企业究竟如何对这些知识加以管理，如何对知识转移过程中的知识流动与创造进行监控是KIBS提升其知识能力的关键。

知识密集型服务企业的核心资源是知识，它是蕴涵密集知识资产以及拥有这种知识资产的专家的一类服务企业。它通过知识和信息的运用，为其客户提供高知识附加值的服务。在提供服务的过程中，KIBS同时担当着知识创造者和知识传播者两方面的角色。

为了寻求答案，我们考察了管理咨询公司、信息技术服务、广告服务等数个行业的若干不同公司后发现，在对知识转移的管理方面企业之间往往存在着比较大的差别。

在若干企业案例中，我们慎重地选择了两家有代表性的KIBS标杆企业案例，对两个企业案例的不同知识管理策略进行归纳总结。

（一）I中国数据服务公司

I中国数据服务公司（以下简称I公司）是全球著名的信息技术、电信行业和消费科技咨询、顾问和活动服务专业提供商。它在中国的服务主要涉及帮助信息技术专业人士、管理人员和投资机构制定以事实为基础的技术采购决策和业务发展战略，其业务范围涉及计算机系统研究、企业级系统与软件研究、服务与电信研究、行业研究与咨询服务部。I公司在全球拥有超过1000名分析师，其分析师强调在信息技术方面具有全球化、区域性和本地化的专业视角，关注于全球及各个国家的技术发展趋势和业务营销机会。

I公司十分强调公司内部的知识固化过程。它们设计了详细的知识信息分类存储制度。I公司的咨询服务是建立在行业研究基础之上的，运用"全球本土化"研究模式，一方面对本地和区域市场进行深入研究，另一方面也加强了对于全球市场的把握，促进对于全球研究的标准和方法的完善，确保在全球、区域和本地的预测和分析的一致性。

I公司强调使用研究标准体系，包括研究方法和如何进行预测假设，要求确保根据统计验证过的客观而准确的数据进行预测、验证和复核，为重要的预测数据提供边界条件，在不同的地域和研究领域执行标准定义，并使用同样的分析工具，确保研究的一致性。其研究方法虽然要适应细分市场的差别，但是其核心的要素和方法是一致的。这些要素包括最终用户一手数据收集，数据完整性交叉检验，从区域和本地收集和分析数据并汇总到全球，验证和更新细分市场的动态数据、供应商模式、分销渠道模式，分析市场的外部驱动因素及其关联，并预测未来趋势。

在具体的服务过程中，I公司使用标准的运作流程。确定市场规模和进行预测的第一步是收集数据。通过各种渠道收集一手和二手数据，来源包括访谈IT厂商、公开的财务信息、市场历史数据、访谈最终用户等。下一步是将需方和供方数据输入到公司的细分市场数据模型中，以得出其市场数据和预测。然后，通过一系列流程验证数据模型产生的初步数据。最后，根据验证调整市场数据。典型的模型包括市场细分、定价和交易模式、分销模式、供应商的业务和收入模型、市场趋势预测、关联和驱动因素、需求方的支出、技术应用的发展/收缩趋势。

I公司的知识管理是通过归档化和工具化的方式实现的，即有针对性的知识提供从行业研究和一手数据收集开始，再经过相关工具处理形成标准化模式，然后进入公司数据库，进而广泛用于管理咨询中。这种做法使分析师在工作中能自由搜索并使用经过归档的知识，从而实现KIBS对知识的重复利用，而这种重复利用也在不断更新着企业的知识库，即在知识转移过程中同时实现服务供应商的知识更新。

（二）B管理咨询有限公司

B管理咨询有限公司（以下简称B公司）是中国本土管理咨询企业的代表。公司强调将世界上先进、成熟、实用的管理理念和工具方法迅速介绍及运用于企业，变成对管理实践有指导意义的可操作、可执行的方案，通过专一小组专一服务的驻场式强互动工作方式，强调为客户提供个性化服务关系。

B公司的管理咨询业务也是以行业为基础展开的，不同的咨询人员服务于不同的行业。但它的知识转移和管理流程则更偏重于知识转移的个性化。强调服务的过程中咨询人员和客户之间的互动过程，以及咨询人员之间的反复讨论。

以B公司一个成功案例为例，客户企业是一家国内领先的体育用品公司，最早成立于20世纪80年代早期，早期同其他当地企业类似，主要为国外品牌做代加工，后来转向国内市场，经过十几年发展，在同行业内市场占有率及销售额均处于前列，主营产品包括鞋、服装、配饰三大类体育用品，鞋类产品在所有品类销售额中占较大比重，服装、配饰类产品近几年迅猛发展，随着企业的迅速成长，营销网络也不断加速拓展，但总体的营销方式还是以传统的销售拉动方式为主，随着市场同质化竞争的日益激烈，缺乏有效系统的营销战略规划使得各种市场问题凸显。在营销战略上，缺乏有效系统规划，同质化严重，创新性不足，造成企业营销投入的效果大打折扣，面临营销创新的压力。

为了解决客户现有的问题不仅需要行业方面的专业知识和对行业的全面了解，同时还需要根据行业和企业现状提供有针对性的解决方案。在提供咨询过程中，B公司的咨询人员在全国实地调研了五个分公司，向消费者、店长、潜在消费者发放了上万份调研问卷，并研究了竞争对手的发展模式，进而制定了其独特的发展模式。B公司重新设计了客户企业的组织结构体系，并对部分关键岗位的设置进行了调整。对部分关键流程进行了优化。设计了系统的薪酬和考核方案。帮助引进了多位中高层管理人员。在项目实施当期，针对项目方案要求，增加了市场调研、产品规划等方面的部门及岗位职能支持；针对产品研发设计的投入力度同时加强，渠道结构及布局也进一步整合，形成了有效的营销战略系统规划，针对企业营销资源形成了很强的合力，为企业下一步的上市奠定了良好的基础。

第四章　知识密集型服务企业的流程结构与特征

但是个性化的知识转移过程往往会导致公司的服务质量取决于服务人员的个人知识水平。因此，公司需要在人力资本的管理方面大量投入，一方面强调提高员工个人能力，另一方面也要强调员工之间知识的共享，即组织内部知识学习。

三、两种知识转移策略的选择

分析上述两个案例，我们可以看到，这是知识转移过程管理的两种方式。这与默顿·T.汉森等对知识管理战略的研究结果也比较类似。但是对于 KIBS 来说，这种知识转移策略的选择与企业提供服务的方式和类型密切相关。

如果 KIBS 需要经常面对类似的问题，那么强调服务过程的工具化和文档化非常关键，这可以实现工具和知识的有效反复使用。这类企业提供的服务非常明确，知识工作者依靠不断优化的、被证明是成功的工具、模型和数据为客户提供解决方案，在这种情况下，知识服务接近于产品生产的过程，将企业信息输入系统获取个性化的结果，速度快，价格低。知识的反复使用节省了工作量，降低了沟通成本，从而允许 KIBS 去接受更多的项目。这种服务过程依赖对企业工具的反复使用，而 KIBS 的竞争力则主要建立在其数据模型和工具的有效性基础之上。一旦开发出一整套完备的模型，就可以反复使用。但是要注意的是，数据、工具和模型都要随着服务的提供不断地改进、更新。

与此相反，也有大量 KIBS 强调为客户提供更具个性化的服务。这类企业通常强调其服务的定制化程度，在其向客户提供的解决方案中往往包含着大量的隐性知识。但是这种个性化和效率之间往往很难兼顾，个性化和定制化以大量的员工交互为基础，交互过程的效果直接影响到服务水平的高低，也对服务效率产生影响。很多小型专业咨询公司和高校的咨询机构往往都属于这种类型。而这种高度个性化和定制化的方案往往能获取更高的收益。

KIBS需要在这两种知识转移策略中做出选择,这种选择必须考虑企业服务客户的方式、企业的经济状况、员工的知识能力等多个方面。从理论探讨的角度讲,这两种选择无好坏之分,加强知识转移流程,弱化服务的主观随意性,更好地服务客户是知识密集型服务企业修成正果、达到KIBS金字塔顶层的必然选择。

第二节 知识密集型服务企业的核心流程分析

一、知识密集型服务企业的客户特征

知识密集型服务企业服务的对象是组织,它是为组织提供知识服务的一类企业。通过具体的调查分析发现,这些购买知识服务的客户之间具备着某些共同的特征,具体包括以下几个方面。

(一)客户数量少,行业集中

与为最终消费者提供产品或服务的企业相比,知识密集型服务企业的客户数量比较少而且其所处的行业相对来说比较集中。KIBS之所以具有这一特征,主要有以下几个原因:

1. 服务内容

知识密集型服务企业所提供的服务内容决定其客户数量较少且行业集中。一般来说,这类企业所提供的服务包含大量的专业知识,针对性较强。因此,它服务的对象也局限于一个相对较窄的领域内,一般具有较高的行业针对性,例如建筑设计事务所只为房地产开发企业提供设计方案,而芯片设计公司也只为半导体制造企业提供服务。相对服务面较广的管理

咨询或信息技术服务企业往往由于其特别熟悉某一专业领域和行业而导致其服务对象相对比较集中。

2. 服务性质

客户参与服务过程这一重要性质决定了知识密集型服务企业的客户数量较少，因为知识密集型服务企业提供服务需要其员工与客户之间进行大量的交互活动，这导致这类企业一般只能为地理位置比较接近的客户提供服务。与面对最终消费者的生产企业相比，接受其服务的客户所处的地域范围比较有限，因此其数量上也相对较少。

3. 高集群性

知识密集型服务企业在地域上的高度集群导致其竞争比较激烈而且客户数量较少。一些发展相对成熟的知识密集型服务企业，如会计、管理咨询、软件开发等大量存在于每一个商业中心城市，这导致其竞争非常激烈，同样每个企业拥有的客户数量也较少。

4. 规模

除了少量大型的国际化知识密集型服务企业（如四大会计师事务所、麦肯锡咨询公司、SAP 软件公司）之外，大量小型的本地 KIBS 由于激烈的市场竞争和自身服务规模所限，不可能同时为大量客户提供服务，这也是导致其客户数量较少的重要原因。

（二）客户规模较大

一般来说，选择 KIBS 为其提供服务的客户规模相对较大。国外的相关实证研究也证实了这一假设。如 STEP 集团对韩国知识密集型服务企业的调查显示，如果按厂商的规模大小进行区分，会发现规模较大的厂商使用知识密集服务的频率普遍比较高；反之，规模较小的厂商，其使用频率相对较低。特别是在研发服务的使用频率上，不同规模厂商的使用频率存在统计上的显著差异。具体数据如表 4-1 所示。

知识密集型服务企业的知识能力研究

表4-1 厂商规模与知识密集服务活动的使用频率

知识密集服务活动	频率的平均分值	
	大企业	中小企业
软件服务	4.00	3.52
知识产权专业服务	3.75	2.87
信息技术相关培训服务	3.75	2.83
研发服务	4.25	2.69
信息专业技术服务	2.25	2.41
信息科技咨询服务	3.00	2.10
管理咨询服务	2.75	2.10
高科技人力资源中介服务	2.75	2.03
工程咨询服务	2.75	1.62

附注：数字表示频率的高低，1分最低，5分最高

资料来源：转引自黄裕翔：《知识密集服务在国家创新体系中所扮演的角色——借镜韩国》，《台湾经济研究月刊》，2003年第9期，第43页。

具体分析导致这种现象存在的原因，笔者认为，可能是由于知识密集型服务企业所提供服务的高专业性和附加值导致其价格较高，因此只有具备相当支付能力的客户才愿意聘请KIBS来解决其遇到的问题，而这种支付能力往往是与其规模直接相关的。

（三）价格敏感性较低

知识密集型服务企业所提供的服务对客户来说至关重要，往往能够直接影响甚至决定客户的运作和管理效果，因此客户一般对价格不甚敏感。例如，对于半导体制造类企业来说，芯片的体积和成本直接决定其产品的市场竞争力。一种新设计出的体积更小的芯片可以使制造企业的成本大幅降低，这种成本的降低正是芯片企业竞争优势的来源，因此芯片设计类企业新的设计成果通常会有企业竞相以高价购买。

另外，由于知识密集型服务企业为客户提供的一般是定制化服务，这种定制化所耗费的成本较高，因此与之相应的，客户也需要为此支付更高的价格来对服务企业的这种额外努力进行补偿，其价格敏感性相对较低。

知识密集型服务企业自身规模小，行业竞争激烈，同时与客户在规模上往往存在极大的差距，这些因素共同导致大多数小型KIBS在与客户博

弈和市场竞争中往往处于劣势。为了获取竞争优势，需要首先从内部着手，也就是关注其提供物的竞争力。

二、KIBS 提供物的构成及其特性

在营销学中，一直认为导致客户购买产品或服务的动机就是客户需求。同理可得，客户对知识密集型服务的需求也是导致其购买的重要原因。客户之所以选择知识密集型服务企业，从根本上来说，其动机是为了获得知识密集型服务企业的专业知识，以弥补自身的知识缺口。这种知识缺口的存在是客户引入知识密集型服务企业的直接原因。

客户组织在分析其所处的内外部环境和评估自身的竞争力以及资源时往往会发现，要在适应竞争环境和法律法规的要求基础上，取得符合其自身期望的经营目标，所需的知识水平与他们依靠自身资源和能力所能达到的知识水平之间存在着一个知识缺口，而这种知识缺口的存在在相当大的程度上限制了组织走依靠自有资源和能力实现自我发展的道路。

造成这种知识缺口存在的原因主要分为内部和外部两个方面。内部知识缺口主要是客户组织运营所需的知识与其现有的知识之间的缺口，这种知识缺口一般来说并不存在于企业的核心领域，因此可以通过外购知识服务来进行弥补。而外部知识缺口则包括两种：一种是由于激烈的市场竞争引起的，竞争者的经营水平提高迫使客户也必须对自身进行改进；另一种则是由于相关的政策法规迫使企业必须引入外部的知识服务提供商，例如环保、审计等。

动机与知识缺口概念存在着紧密的联系，有知识缺口存在，组织就要设法弥补，这就在客观上要求组织引入外部的知识源，以获取发展所需的专业知识。多种外部知识源都能够为组织提供其所需的知识，例如大学、研究机构等。而知识密集型服务企业作为一种致力于知识创造、积累和传播的服务企业，也是促进知识转移的重要力量。因此，当组织意识到其存

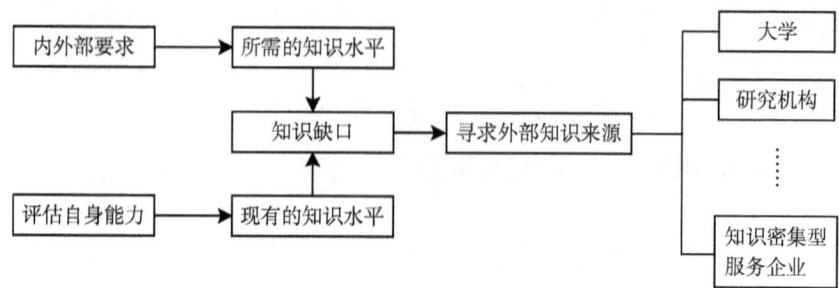

图4-1 客户选择知识密集型服务企业的动机模式

资料来源：笔者绘制。

在知识缺口时，往往会寻求它的帮助。

用知识缺口可以解释客户购买知识密集型服务的动机模式，但是在实际的服务传递过程中，我们注意到单纯的知识一般不可能构成KIBS提供物的全部。知识密集型服务企业是一种提供物相当丰富的服务类企业，这类企业共同的特性就是为客户提供其面临问题的解决方案，通常这种解决方案是由包含丰富创新知识的产品和服务共同组成的。如果再进一步细分，知识密集型服务企业向客户提供的解决方案实际上是由产品、"黑箱服务"和知识转移共同构成的。

一般将传统的提供服务的方式称为"黑箱服务"。它们的服务结果尽管对客户有价值，但服务过程本身是不透明的，客户的知识并没有通过接受服务而获得提高。最早的知识密集型服务企业是由于企业将部分非核心业务外包而出现的。这种外包的业务通常被认为不是该企业的核心业务或者差异化能力的所在之处，外包行为的发生通常是由于企业认为某种职能如果让外部服务提供者来完成会比自己做得更好且费用更低廉。显然，外部服务提供者通过提供这种服务所获得的回报也相对较小，在这种情况下，客户获得的往往只是一种服务的结果而并不清楚这一结果是如何实现的，这就是"黑箱服务"。

知识转移也是一种服务，但是与"黑箱服务"不同，作为一种与客户之间互动过程的结果，它会提高客户的知识水平，使客户拥有更多的知

第四章 知识密集型服务企业的流程结构与特征

识,帮助他们更好地进行决策,提高他们的能力,这对客户来说是更有价值的。向客户进行知识转移并不是一个全新的概念,基于咨询业的角度对这个问题研究较多。1982 年,哈佛商学院的 Arthur Turner 就区别了指示性咨询(Prescriptive Consulting)和指导性咨询(Facilitative Consulting)之间的差异。其中指示性咨询是直接告诉客户做什么,指导性咨询则是帮助客户自己去做。目前企业界对于后者的需求显然正在增加。

要区分"黑箱服务"和知识转移服务,关键要考察服务提供的方式。"黑箱服务"的特性在于客户只能见到服务结果,对于竞争者来说要克隆这种结果相对容易,这也意味着这种服务比较容易实现标准化。相反,知识转移的本质则在于它的过程和结果同样重要。目前,许多能够提供更有价值的知识转移服务的公司仍在以"黑箱服务"的方式提供服务。而同时,很多传统提供"黑箱服务"的公司已经开始改变自己,向客户提供有用的知识。

下面以相对发展比较成熟的知识密集型服务企业——审计企业为例进行说明。审计的一般原则是为客户提供一个简单的审核记录结果,其中的各项内容都要符合规章制度。这种"黑箱服务"一直是审计界一贯采用的服务方式。但是,现在越来越多的会计师事务所(如四大会计师事务所)正在积极向客户转移其在审计过程中获得的知识,为客户增值。如今审计已经变成了一个完全互动的过程,它不仅包括定期向客户提交任务报告书,还新增设了其他服务,如提供财务建议等。

知识密集型服务企业从"黑箱服务"方式向知识转移方式的转变是面对巨大竞争压力的结果,KIBS 必须找出一些与其他公司不同的、有差异性的服务方式来提升自己的竞争力。

尽管区分了"黑箱服务"和知识转移,但实际上,知识密集型服务企业向客户提供的出售物往往是两者的结合,有时还要与产品融合在一起。即使是"黑箱服务",它也经常包含着一些知识转移内容;反以亦然,没有什么提供物完全属于某一范围。尽管"黑箱服务"还将继续发挥重要的作用，但是这种提供物的价值正逐渐降低，并转向知识转移。

从为客户提供价值而言，向客户提供的出售物的每一种构成都有其实质特点。表4-2列出了每一种类型的提供物为客户增值的主要方面。

表4-2 KIBS提供物的类型与增值途径

提供物类型	增值
知识转移	制定更佳决策 提供竞争能力和实力
"黑箱服务"	使所实施的非核心职能更有效、更便宜
产品	提高生产力 提高效率

资料来源：罗斯·道森：《开发基于知识的客户关系——职业服务机构的未来》，祁延莉、董小英译，电子工业出版社2002年版，第12页。

在"黑箱服务"中，增值主要体现在它比客户在内部实施该职能或服务的效果更好，价格更为低廉。产品的增值实际上具有多种方式。对于知识密集型服务来说，产品往往是服务的载体或必要补充，它既能够体现生产力的提高，又能体现效率的提高。如在为客户建设整个办公自动化系统时提供相应的软硬件产品，这就是对客户效率的一种提高。而知识转移尤其与客户的核心职能息息相关，其中知识对于竞争优势的提升非常重要。因此，它的增值潜力要比"黑箱服务"大得多。同时要特别注意到，这种高水平的知识转移实际上是一种双向的行为。知识密集型服务企业要通过与客户之间的高度互动来促进知识的产生和流动，由于这种交互作用是一个双向过程，在这种互动过程中，KIBS可以获得客户所具有的专业性知识，在提供服务的过程中也可以不断学习，进而提高自身的竞争优势。例如，信息技术服务、管理咨询和技术工程咨询等都以一种与客户高度互动和双向学习的方式进行。总之，KIBS可以通过与客户企业进行大量交互活动，不断扩充其知识库，并有可能获得新的业务，进行新一轮的知识转移。

因此，知识密集型服务企业要想创造高额的价值，就必须通过与客户之间的高度互动为客户提供高水平的知识转移。而这种知识转移实际上是建立在企业内部的知识转移流程基础上的，知识密集型服务企业需要建立一套系统的流程来支持这种知识转移活动。

三、KIBS 的知识创造与转移流程

作为知识密集型服务企业，其员工要通过为不同地域、不同行业的各种企业提供服务来积累丰富的知识和实践经验，它们往往可以将某个行业的解决方案经过调整、修改之后来解决另一个行业的问题，即实现知识的转移。例如，一个财务软件开发公司，在为客户提供服务的时候，只需要根据客户行业的具体情况对软件进行简单的修改就可以了。

从本质上讲，知识密集型服务企业的运作过程，就是通过广泛接触客户以积累知识，将已有的知识进行调整、更新、转移给客户，为客户创造价值，同时将从客户处获得的知识与现有的知识库相结合，从而创造出新的知识。

对于这种核心流程一个更加明确和直观的阶段划分来自于Strambach的研究。他通过考察 KIBS 与其客户之间的联系，发现 KIBS 向客户进行知识转移这一核心流程可以分为如下三个阶段：①显性知识和隐性知识的获取；②知识的重新整合；③知识向客户组织的转移与扩散。其中，知识的获取和转移阶段发生在 KIBS 与客户的交互作用过程中，知识重组阶段发生在 KIBS 内部。具体流程如图 4-2 所示，图中 F1~F4 代表不同的客户。值得注意的是，上述三个阶段仅构成 KIBS 核心流程中知识转移与创造流程的一半，因为在向客户企业提供解决方案的过程中，通过这种知识的转移与扩散使进一步的交互影响与新知识的创造成为可能，这将启动新一轮的获取、整合和扩散，从而形成如图 4-2 所示的闭环的知识循环过程。

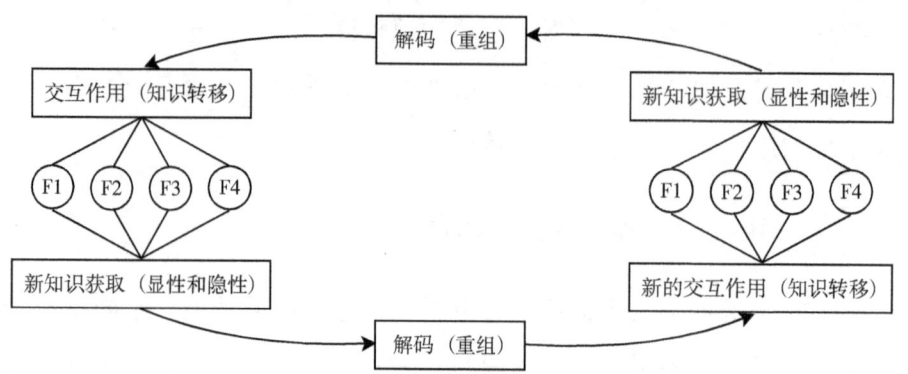

图 4-2　知识密集型服务企业与客户之间的知识创造与转移

资料来源：Strambach S., "Innovation Processes and the Role of Knowledge-intensive Business Services", In: Koschatsky, K., Kulicke, M., Zenker, A. (Eds.), "Innovation Networks-Concepts and Challenges in the European Perspective", Physica, Heidelberg, 2001, p.58.

结合 Strambach 的研究，我们构建了知识密集型服务企业核心流程图，见图 4-3。其中知识密集型服务企业与客户之间的知识交换的前三个过程正好对应了上述研究所给出的三个阶段。

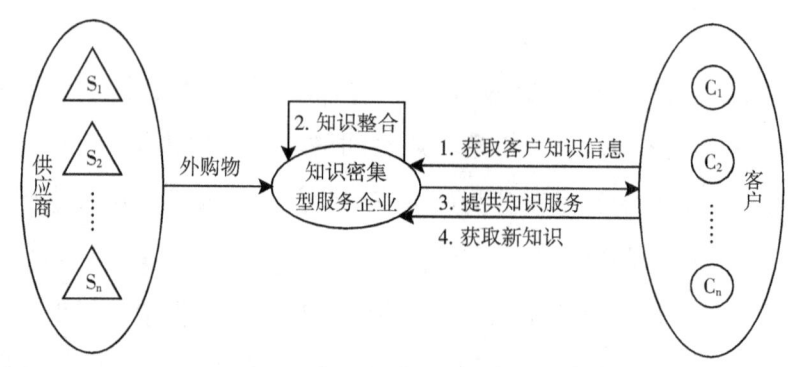

图 4-3　知识密集型服务企业的核心流程

资料来源：笔者整理。

在知识密集型服务企业提供知识转移服务的过程中，"获取客户知识信息"主要源自 KIBS 为了客户利益解决特定问题时所进行的学习活动。此时，它们从客户那里获取关于该问题的显性或隐性知识，作为其服务的知识基础。"知识整合"是 KIBS 为了解决客户的问题而对知识进行再加工的阶段。这一阶段的加工对象既包括来自客户的知识，也包括来自客户以外的其他外部供应商以及知识密集型服务企业本身的知识积累,主要手段是对已获取的知识进行重新编码。通过这种重组和编码将知识转换为客户组织可以识别且易于接受的形式。"提供知识服务"也就是知识转移与扩散的过程,是 KIBS 与其客户的一种交互作用过程。在这一阶段,由 KIBS 将整合而成的知识密集型服务,即针对客户问题的解决方案提交给客户,完成知识的转移。除了这三个阶段之外,还需要特别注意的是"获取新知识",因为在向客户提供解决方案的过程中,通过这种知识的转移与扩散使得进一步的交互影响与新知识的获取成为可能。这就是知识密集型服务企业为其客户提供服务,实现知识转移的整个流程,也是知识密集型服务企业最为核心的流程。

对 KIBS 的核心流程进行讨论,不管是 KIBS 的自我知识创新,还是在客户与外部供应商参与协作下的体系创新,都需要有一定的知识反馈与升华机制做保障。只有要素合格,且机制到位,才是一个完善的体系。这里简要地提及几个需要特别注意的方面。

(一) 客户信息的系统分析机制

在与客户的交往合作中,总会获得一些支离破碎的感性知识。要想将这些知识提升为可以出售的知识产品,就必须系统地分析问题。系统分析问题是要从根本上寻求解决方案,以追根究底的态度问几个"为什么",尽早发现那些隐藏的、深层次的问题。如对工作中出现的问题不应根据以往的习惯做出机械的或随意的反应,而是运用因果分析的方法探本寻源;分析中避免简单判断,力求用丰富的资料和数据揭示事物的深层次原因;在解决问题时不满足于一种方案,而是周密地设计出多种方案,并对它们加以认真比较。

(二) 基于供应商的知识外取机制

KIBS 的供应商是指那些在 KIBS 提供服务过程中为 KIBS 提供必要的产品和服务的个人和组织。知识密集型服务企业所需的供应一般主要集中在能源、办公用品、计算机、写字楼等方面,而为 KIBS 提供这些产品的供应商并不是本章要研究的对象。本章关注的角度是基于知识传播的核心流程,结合知识密集型服务企业自身的特性,本章涉及的供应商主要是指那些在 KIBS 为客户提供知识服务过程中提供核心产品和服务支持的个人和组织。此类供应商在提供服务过程中往往会成为 KIBS 重要的外部知识源。KIBS 与供应商之间也存在着大量的知识转移活动,这种知识转移需要双方进行持续的交流和互动,KIBS 一般倾向于与其供应商之间建立一种长期的合作伙伴关系,以更好地为客户提供服务。这种合作伙伴关系是指存在于 KIBS 与其供应商之间的、双方合作的、长期的知识服务和产品交易关系。伙伴关系是建立在相互信任、相互帮助的基础上,要求 KIBS 与其供应商结成一个直接面向市场和客户的动态联盟,能够像一个企业内部的不同部门一样主动默契地协调工作。

与传统的供应商关系相比,KIBS 与供应商的这种长期合作伙伴关系往往要求两者之间保持深层次沟通,共同制定长期发展规划,确保双方均集中于核心专业知识领域,并建立知识交流和学习机制。

(三) 知识的升华机制

对于知识密集型服务企业来说,通过归纳和提炼已有的经验来提升企业的知识水平,是一种最经济有效的学习方式。升华是指把一些初级的、凌乱的经验堆砌在一起,对它们进行抽象与合成,上升为一定的理论,这比初级的经验更容易交流,也容易与其他知识结合,还可以在进一步的应用中得到检验和充实。个人经验的升华一般只需要本人进行归纳和总结,而企业经验的升华则需要以团体形式进行归纳、总结和提炼,故其升华过程必须在一定机制的指导下有组织地进行。麦肯锡公司非常注重经验的总结、提炼和升华,它通过定期举办研讨活动或发行内部刊物等形式,对成功的咨询案例进行总结研究,颇有影响的"7S"模型就来自它们对上百家企业成功咨询经验的提炼。

四、知识密集型服务企业的知识创新体系和过程分析

在对知识密集型服务企业核心流程分析的基础上，我们可以从微观层面上构建出知识密集型服务企业的整个知识创新体系，如图4-4所示。在其整个知识创新体系中，包含了三类对象：外部知识源、客户企业和知识密集型服务企业。这三者之间通过知识的传播和扩散产生联系。

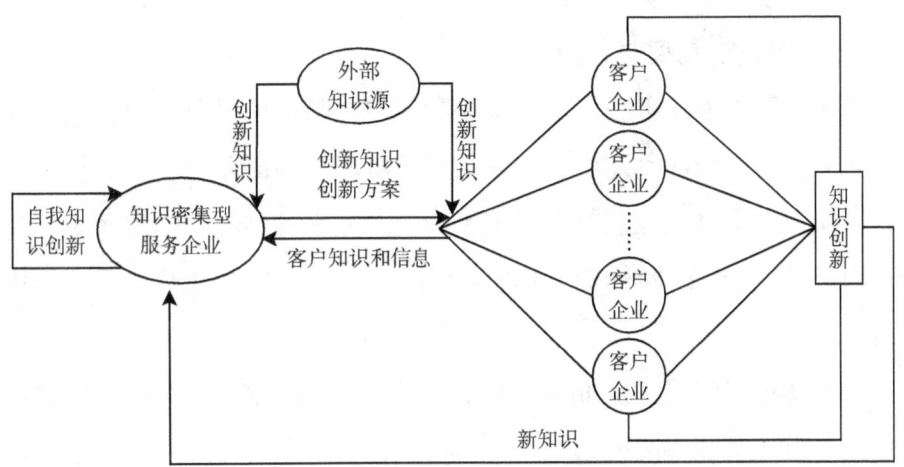

图4-4 知识密集型服务企业的知识创新体系和过程

资料来源：笔者整理。

（一）外部知识源

外部知识源是指为知识密集型服务企业及其客户企业进行知识创新活动提供相关知识的企业和机构，是KIBS提供服务和客户企业进行知识创新的重要知识来源，主要包括高校、研究机构和其他KIBS。

（二）客户企业

在这个模型中，客户企业不是创新的被动接受者，而是一种创新的积极参与者，是知识获取和传播的主体。从客户企业的角度来看，KIBS可以激发和加强客户企业中的知识转换过程。当客户雇用一个KIBS时，企业内部会建立新的项目团队并与KIBS发生大量的交互作用，通过交互作

用实现隐性知识的传递，随后通过显性知识和隐性知识的重新组合最终转化为企业内部固有的知识体系。KIBS 不仅本身可以为企业提供创新概念和知识，同时它们还可以扮演催化剂的角色，推动知识在企业内部的转化和流动。在知识密集性服务企业提供服务的过程中，服务的生产是服务提供者和客户共同努力的结果，因此，最终服务产品质量在很大程度上依赖于双方的互动方式和沟通的质量。对客户而言，如果双方的互动过程质量很高，知识密集型服务企业甚至会被视为客户企业自身的一种资源。

（三）知识密集型服务企业

从知识密集型服务企业的角度来看，知识密集型服务企业在创新过程中始终承担着知识的创造者和知识的传播者两方面的角色。作为知识的创造者，知识密集型企业进行知识技术和概念方面的创新。作为知识的传播者，KIBS 将来自多方的知识整理、融合，为客户提供针对其问题的解决方案。

对于知识密集型服务企业来说，提供服务首先需要获取客户的知识，客户是一种重要的知识来源。只有基于客户的运作状况和其行业背景资料，KIBS 才能为客户企业提供能够解决客户企业问题的知识技术、概念和方案，与客户企业共同完成知识创新。在这种情况下，尤其对于管理咨询公司而言，经常会因为将客户企业的知识重复销售给客户而受到批评。但事实上，这种知识的转化和再次转化对于更好地为客户企业提供服务有着重要的作用，客户和 KIBS 之间的互动建立了一个知识资源交换的领域，不同的职能专家将现存的企业内外部知识整合，这本身也是一种收获。

尤其需要注意的是，KIBS 的知识创新活动与其客户的知识创新活动是交互进行的，这种创新往往发生在双方共同解决问题的互动过程中。这个共同解决问题的互动过程，也是一种学习、积累知识和创新的过程。KIBS 通过和客户之间的交互作用，可以产生新的知识，从而促进其自我创新活动，进而为客户提供更好的服务。如 IT 支持服务、管理咨询和技术工程咨询等都以一种与客户高度互动和双向学习的方式进行。

(四) 知识的传播和扩散

将图 4-4 中各个对象联系在一起的是知识的传播和扩散活动，每一个对象都是一个相对独立的进行知识传播的个体，各个对象之间具体的交互活动都是基于知识的，知识的传播和扩散活动是整个体系存在的基础。在图中尤其要强调的是，KIBS 企业与其客户之间的知识传播过程不是单向的，KIBS 也需要来自客户的知识，这可以帮助他们为客户定制解决方案，同时也扩充 KIBS 自身的知识库。

第五章 研究设计

第一节 过去研究的进展与本书的理论基础

通过前面的文献综述和对项目基本理论的研究，我们发现目前关于 KIBS 的研究总体上可以分为两大类。一类是理论研究视角，集中于中观层面对 KIBS 与客户交互及创新的一般过程的探讨，以及对 KIBS 在各级创新和知识体系中功能和作用机理的讨论；另一类则是众多调研报告，倾向于对 KIBS 的发展进行宏观描述，着重探讨 KIBS 在中心城市集群这一重要发展特征。从研究角度分析，上述两类研究多集中于宏观和中观两个层面，缺少对 KIBS 企业层面的研究；从研究内容分析，现有的两类研究也多集中于对 KIBS 所承担的外部功能及其角色的探讨。然而，知识密集型服务企业作为服务业的重要分支，其所担当的社会角色和宏观层面的发展是建立在微观层面企业个体成长基础之上的；企业个体成长与其行业作用和群体发展也是相辅相成的。此外，针对知识密集型服务企业的发展现状，尤其是北京地区知识密集型服务企业的蓬勃发展，从微观层面研究此类企业的内部成长规律和模式对促进北京此类企业和社会经济的发展也有重要的现实意义。

知识密集型服务企业的知识能力研究

大量研究表明，高科技企业的知识技术能力与其绩效和企业成长之间存在着密切的联系。知识密集型服务企业是以知识为主要提供物的特殊服务企业，然而服务的创新缺乏专利保护，同时此类企业规模较小，自身的研发活动与高科技企业相比也存在很大差别。在实际竞争中，虽然 KIBS 强调了知识服务的特性，强调服务的高附加值，却往往会陷入残酷的价格竞争，导致整个行业的盈利能力下降，调查显示有 90%的企业会在成立的 5 年内结束业务。在了解了大量的企业案例和整体行业发展状况以后，本书认为知识密集型服务企业的知识能力与高科技企业的技术能力研究之间存在着很大的差别。笔者希望通过调查深入了解目前北京市知识密集型服务企业的知识能力状况、知识能力与企业成长之间的关系，进而对大量小规模的 KIBS 企业发展提出合理的建议。

知识能力是知识密集型服务企业形成竞争优势促进企业成长的源泉，知识能力水平直接决定了企业提供服务的能力，吸收能力和创新能力与企业绩效关系的诸多研究直接从理论层面说明了知识能力促进企业成长的可能性，本书尝试借鉴大量此类研究的理论模型，对知识密集型服务企业进行企业层面的微观研究。过去对于知识密集型服务企业的研究多停留在理论推导层面和宏观分析层面，而缺乏对于微观层面的知识密集型服务企业知识能力的具体研究，缺乏相关理论假设和梳理验证。因此，本书旨在通过理论建模与数理验证相结合的研究方法，力求较为明晰地剖析知识能力对知识密集型服务企业成长的促进作用。

在第四章对大量吸收能力和知识创新能力的文献综述中，我们可以看到，有大量实证研究集中于对吸收能力和知识创新能力的后向结果进行分析，这种后向结果通常与企业绩效和企业成长密切相关。而这些实证研究都根据各自研究的侧重点对吸收能力和知识创新能力进行了测定。这为本书的研究提供了比较丰富的理论基础。知识密集型服务企业在为客户服务过程中和客户间存在大量的交互行为，大量成功的 KIBS 都强调从客户交互服务过程中学习,更新提升其知识能力,因此本书在确定吸收能力和知识创新能力的测评指标时也特别关注这种交互行为,其测量指标和题项的设计都对互动过程高度关注。

第二节 变量及调查问卷量表设计

借鉴以往对吸收能力和知识创新能力的研究,尤其是测评维度和题项的研究,本书尝试构建一个较为全面的整合研究概念框架,并根据该研究模型就相关概念之间的关系提出相应的理论假设。

一、量表设计原则

本书属于企业层面的研究,而 KIBS 多属于中小型企业,因此所需数据无法从企业公开数据、统计信息或二手数据中获得,因此数据收集只能采用问卷调查的方式,对知识密集型服务企业在知识能力层面的吸收能力、知识创新能力和企业成长状况以及企业基本情况进行调查。

问卷调查尤其是企业层面的问卷调查要获取大量的一手数据,存在着一定的难度。首先在设计方面,问卷内容必须与研究内容紧密结合,同时又要注意企业在回答问卷时与问卷设计人员对概念的定义相一致,这需要将问卷中的严格概念性定义转化为回答者容易理解的问题,题目问项间不存在歧义。另外,为了获取企业的配合度,在问卷设计中,询问问题要考虑企业的接受程度,因此,本书在设计中尽量避免直接有关销售收入、利润等敏感领域的开放式问题。

此外,本书还关注了多问项测度原则。对于具体的量表设计,笔者遵循在特定的概念至少应该通过两个以上的文献来进行测量的原则,避免依赖单一测度来表征某一概念。因此，在本书的研究模型中使用多文献量表来测度所有变量。

基于以上要点，本书的问卷设计增加了大量的讨论环节。在对大量国内外文献分析整理的基础上，比较了大量有关企业吸收能力、知识创新和企业成长的考察量表，分析了有代表性的研究所确定的测量要素，结合知识密集型服务企业运作流程交互式特点，借鉴其他研究成果，设计了各变量的初步测量题项。为了便于被调查人回答问题，变量的测度均采用五级Likert量表打分法进行处理。数字 1~5 分别表示了从完全不符合向完全符合过渡，3 代表了中性标准（不确定）。

确立了初步量表以后，本书首先通过电子邮件联系相关领域的专家收集了修改意见，然后结合专家意见形成了调查问卷。接下来对调查问卷进行了小范围的预调查，根据预调查结果对调查问卷进行了进一步修改，确定了最终采用的问卷。

二、吸收能力的内涵与研究维度

（一）吸收能力的主要研究成果回顾

吸收能力的提出已经超过 20 年，战略管理领域对吸收能力的研究日渐增多，研究成果比较丰富。本书对于有代表性的吸收能力的研究成果进行了归纳和总结。

吸收能力的概念起源于熊彼特主义经济理论关于研发活动和技术创新对经济增长作用的研究。Cohen 和 Levinthal（1989）最先将吸收能力引入战略管理领域，并将其定义为通过知识的识别、消化、利用过程向外部知识学习的能力。1990 年，Cohen 和 Levinthal 对吸收能力概念进行了修正，将吸收能力重新定义为企业辨识新的价值、获取外部知识、消化吸收并将此知识运用于商业目的上的能力，即企业评估、内化并应用外部新知识，并使之商业化的能力。他们同时指出，吸收能力是先前创新活动和问题解决的副产品，依赖于组织内部成员的个体吸收能力。企业的知识吸收能力是企业过去知识存量的函数，具有累积性和路径依赖的特点。同时，企业的吸收能力越强，则对于外界环境的经营掌握能力越高，也越有机会将外溢知识引进企业内部。Cohen 和 Levinthal（1990）对吸收能力的研究开创了关于吸收能力方面研究的先河。

在 Cohen 和 Levinthal 对吸收能力进行了开创性研究后，很多学者从各种不同角度和层面上对吸收能力进行了研究并重新定义。Movery 和 Oxley（1995）从国家的层面出发对吸收能力重新进行定义。认为吸收能力是一系列的技能，包括将隐性知识显性化和外部技术内部化得到能力，用于处理技术转移中的隐性知识及国内企业对国外引进技术的改进。Kim（1998）认为吸收能力是外部知识的学习能力和创造新知识的创新能力的集合，包括学习能力和问题解决能力。Lane 和 Lubatkin（1998）基于"老师—学生"企业的一对一的对偶关系，提出相对吸收能力（Relative Absorptive Capacity）的概念，认为吸收能力取决于两者之间知识水平的匹配程度。利用两个企业具有相似的知识基础、组织结构和激励政策及主导原则来解释相对吸收能力。Vanden Bosch，Volearda 和 Boer（1999）以行为化理论为基础，将吸收能力定义为组织学习中的一个调节变量，从宏观和微观层面分析了吸收能力和知识环境共同演化的作用机制。Vanden Bosch，Volearda 和 Boer（1999）从组织层面分析了吸收能力的动态性质，指出吸收能力的过程不是一个单环的学习过程，而是不断重复、螺旋上升的动态发展过程，认为吸收能力的组织决定因素除了 Cohen 和 Levithal（1990）提出的先验知识外，还包括组织结构和整合能力。

近几年，学者们越来越多地从动态能力的角度来研究吸收能力。从动态能力理论看，资源基础理论不足以解释企业在快速变化和不可预计的市场环境中如何建立竞争优势，而企业融合、构建和重新配置内外部能力以应对快速变化环境的能力——动态能力才是企业持续竞争优势的根本来源。动态能力是组织来自于学习的、稳定的、能使组织系统产生和改革运作惯例以提高组织效率的集体行为模式,并强调了经验和隐性知识积累、知识表述和编码在动态能力发展中的作用。Zahra 和 George(2002)基于动态能力理论的观点,认为吸收能力是企业不断创造和利用知识的动态能力,是企业组织惯例和程序的集合,包括获取(Acquire)、内化(Assimilate)、转化(Transform)和开发(Exploit)知识形成动态能力的过程,并将吸收能力划分为潜在吸收能力和实现吸收能力两大类别。研究建立了模型,认为外部知识来源和组织过去的经验通过一个激发事件影响企业的潜在吸收能力,而潜在吸收能力则通过社会整合机制向实现吸收能力转化,吸收能力(包括潜在吸收能力和实现吸收能力)在收益独占性这样一个因素的影响下,指引企业达到竞争优势。该定义将吸收能力与企业的竞争优势结合起来,强调了吸收能力的战略特性,之后的很多研究都是建立在 Zahra 和 George(2002)的研究基础上的。Lichtenthaler(2009)基于动态能力的视角,从探索能力、转化能力和应用能力三个方面对吸收能力进行测度,探讨了探索、转换和利用能力的互补性作用对企业创新和绩效的影响。Lichtenthaler(2009)在文中强调吸收能力并非静态的,只有以动态的视角研究企业吸收能力,才能把握此概念的内涵。

(二)吸收能力的测量指标研究

吸收能力是一个抽象的改念,要通过实证研究对于吸收能力进行测定只能通过间接方式,因此,吸收能力的影响因素与测量指标是有关吸收能力研究的一个重要分支。

Cohen 和 Levinthal(1990)在其经典论文中以组织学习的视角对影响吸收能力的影响因素进行了分析,他们认为:由于组织的吸收能力是累积性的,所以影响组织吸收能力的因素有个体吸收能力、先验知识、组织交流、"看门人"(Gatekeeper)。其中个体吸收能力包括个体已有知识与新知识的相似性以及个体拥有知识的多样性。由于组织的吸收能力不仅包括信息的获取和吸收，也包括应用它的能力，因此组织交流不仅包括组织与外部新知识的直接交流，还包括组织内部单元之间及内部的交流和知识转移。而在组织交流中，"看门人"的角色非常重要，尤其是当组织已有知识与外界新知识相差较大的时候。Cohen 和 Levinthal 认为吸收能力是研发投入的副产品，他们选取了美国制造行业的 318 家企业中的 1719 个部门对科技机会、知识产权政策、学习难易程度对研发投入的影响进行研究。结果表明，企业对其所处的学习环境的特质是敏感的，因此吸收能力在企业创新活动分配资源中起着一定作用。

Movery 和 Oxley（1995）从国家层面分析，认为一个国家的吸收能力主要依赖于对科技培训的投资以及促进国内市场竞争的经济决策。Kim（1998），Lane 和 Lubatkin（1998）基于"老师—学生"企业的一对一对偶关系，认为企业吸收能力取决于两个企业的基础知识、专业知识的相关性，报酬体系、组织架构的相似性以及解决问题的逻辑的一致性。通过对69 个联盟的回归分析，Lane 和 Lubatkin（1998）发现，知识基础的相关性、报酬机制及组织架构的相似性，以及管理决策的集中程度对企业的吸收能力有着重要的影响。这一结论是基于"老师—学生"企业的对偶关系得出，具有一定的局限性，但是为后来的研究提供了方向。Van den Bosch，Volearda 和 Boer（1999）提出除了企业原有的知识基础外，企业的组织结构和组合能力（Combinative Capabilities）特征也是影响吸收能力的重要因素，并构建了一个三种因素共同影响企业吸收能力的概念模型。

Vanden Bosch，Volearda 和 Boer（1999）认为，企业的组合能力就是通过将组织内各成员所具有的能力进行协同来开发和运用新知识的组织层面的综合能力。它由三种具体的能力组成，分别是系统能力、协调能力和社会化能力。Zahra 和 George（2002）从动态能力的角度认为，吸收能力分为潜在吸收能力和实现吸收能力两大类，并建立了基于动态能力的吸收能力模型。在模型中，Zahra 和 George（2002）认为，激发事件、社会整

知识密集型服务企业的知识能力研究

合机制以及收益独占性是影响吸收能力发挥作用的三个关键的权变因素。

Lane、Koka 和 Pathak（2006）基于组织学习的理论，认为内外部的知识特点和组织学习机制影响了企业理解这种知识的深度和广度，识别和理解外部新知识后，企业需要消化这种新知识，并将其应用于产生知识产出与商业产出。而这些产出会反馈到企业个体的心智模式、组织结构、流程和战略中，进而产生新的吸收能力，形成一个反馈机制。

Lane、Koka 和 Pathak（2006）认为，企业内外部知识的特点、学习特点以及公司个体的心智模式、组织结构、流程和战略是影响企业吸收能力的重要因素。

此外，国内近些年也有许多有关吸收能力的研究成果，我们将其中有代表性的成果总结如表 5-1 所示。

表 5-1 国内相关文献吸收能力的影响因素研究

影响因素	论文名称及作者	发表期刊及时间
H1a：网络密度与企业创新绩效存在正相关关系；H1b：网络联系的强度与企业创新绩效之间存在正相关关系；H1c：网络规模与企业创新绩效存在正相关关系；H1d：网络结构稳定性与企业创新绩效存在正相关关系；H2a：企业外部关系网络密度与吸收能力之间存在正相关关系；H2b~H2d：企业外部关系网络强度、网络规模、网络稳定性与吸收能力存在显著正相关关系；H3：企业吸收能力对创新绩效产生正面影响	窦红宾、王正斌：《网络结构、吸收能力与企业创新绩效——基于西安通讯装备制造产业集群的实证研究》	《中国科技论坛》，2010 年第 5 期
已有研究中知识吸收能力的影响因素包括：组织影响因素：已有知识、个体吸收能力、教育程度、"看门人"、背景的多样性、R&D 投资、组织结构、内部沟通水平、组织官僚化水平、组织文化—员工授权、规模、组织惯性、人力资源管理。组织内影响因素：业务单元研发强度、知识流动结构、已有知识基。组织间影响因素：新知识类型、薪酬、组织结构相似程度、外部联系	张小兵：《知识吸收能力研究评述》	《技术经济与管理研究》，2010 年 3 月
H1：企业的外部研发对创新绩效存在正向影响；H2：企业内部研发投入对创新绩效提升存在正向影响；H3：吸收能力对创新绩效存在正向影响；H4：在低吸收能力情境下，企业的内部研发投入会比外部研发投入对企业创新绩效起到更高的正向作用；H5：在高吸收能力情境下，企业的外部研发投入会比内部研发投入对企业创新绩效起到更高的正向作用	吴晓波、陈颖：《基于吸收能力的研发模式选择的实证研究》	《科学学研究》，2010 年第 28 卷第 11 期

第五章　研究设计

续表

影响因素	论文名称及作者	发表期刊及时间
吸收能力能够提升对供应商、客户、竞争者、科研机构开放的创新绩效	任爱莲：《创新开放度、吸收能力与创新绩效的关系研究——来自中小电子科技企业的证据》	《科技进步与对策》，2010年第27卷第20期
后发企业吸收能力的结构性因素：①内外部知识：外部知识隐形、外部知识复杂性、外部知识专有性、外部知识新颖性、内部知识存量、内外部知识互补性、内外部知识存量的差距；②企业间的关系：关系密切程度，企业特征差异，企业成员心智模式，学习激励，学习氛围；③企业结构和流程：流程、结构；④企业的发展战略：成长型、稳定型、退出型	蒋再文、江积海：《后发企业知识吸收能力的结构性因素研究》	《管理现代化》，2010年第5期
外包中知识吸收能力的影响因素：先验知识，组织学习（外部、内部）研发投入、信任机制、沟通水平	李西垚、张晓炜、刘衡：《外包中知识吸收能力的影响因素分析》	《科技进步与对策》，2009年第26卷第5期
吸收能力影响因素：①结构维：能力结构（潜在吸收能力、实际吸收能力）；②意识维：学习强度与意愿（组织支持度、员工投入度）；③知识维：先验技术知识（基本技术技能、学习经验、知识搜寻经验、共同技术语言）；④环境维：创新氛围（能力培养、诱因提供、障碍排除）	王志伟：《企业技术吸收能力与改进式技术创新》	《研究与发展管理》，2009年第21卷第1期
吸收能力的影响因素大致分三类：知识特性、组织范围及组织结构与内部机制。知识特性是指企业对所吸收知识的熟悉程度，知识和技术的隐形程度，与独特的知识和资产相联系的技术、程序、人员与资源的相互依赖程度。组织范围和组织结构是将多元化集中于企业知识基础的相关领域。内部组织机制主要包括组织的内部结构、认知以及行为等因素	阎海峰、程鹏：《吸收能力研究评述》	《管理评论》，2009年，第21卷
从环境、组织、个体三个层面深入探究影响吸收能力各维度的因素。①个体层面：个体的知识储备、企业成员知识的互补性；②组织管理层面：员工参与决策的程度、部门之间的协调和员工轮岗的程度、企业的组织形式、企业的文化和激励机制；③环境层面：专用制度，强联系	王晓杰：《基于双层机构的知识吸收能力影响因素研究》	《科技进步与对策》，2008年第25卷第5期
吸收能力的前因：①组织内部［部门研发密度，知识流向（横向或纵向），前期知识、共享意义和亚文化］；②组织层面［分散的社会性互动，人力资源管理实践，知识管理工具（实践社群），前期知识与内部机制，制造危机，先前知识、组织形式、组合能力，外部知识与经验多样化合重叠程度，外部联系，内部信息配置］；③组织间（知识资源、补偿措施、组织结构的相似性，处理组织问题的相似性，组织间信任）	王雎：《吸收能力的研究现状与重新定位》	《外国经济与管理》，2007年第29卷第7期

续表

影响因素	论文名称及作者	发表期刊及时间
假设1：知识基础与吸收能力正相关；假设2：与外部各种机构联系越紧密的本土企业吸收能力强；假设3：在开发吸收能力上努力程度越高的吸收能力越强；假设4：拥有矩阵型结构的本土企业吸收能力最强；假设5：本土企业内部员工间互动越频繁，吸收能力越强；假设6：相对于执行成本领先战略的同行，执行差异化战略的本土企业的吸收能力更强；假设7：本土企业与跨国公司的信任水平与其组织绩效之间存在正相关关系；假设8：跨国公司对本土企业的支持水平对本土企业绩效有正面影响；假设9：本土企业与跨国公司合作时间对绩效提升有正面影响	吴伯翔、阎海峰、关涛：《本土企业吸收能力影响因素的实证研究》	《科技进步与对策》，2007年第24卷第8期
影响联盟企业吸收能力的形成和提高的三方面因素：企业的相关知识基础、认知结构以及将个人的吸收能力扩展到组织的程度。此外，还有企业吸收知识的努力强度、组织文化、培训能力以及信息技术的使用	黄嫚丽、蓝海林：《基于吸收能力的联盟企业组织学习研究》	《科技管理研究》，2005年第10期
企业吸收能力影响因素：先验知识的存量和内涵、研发投入、学习强度和学习方法、组织学习机制	刘常勇、谢洪明：《企业知识吸收能力的主要影响因素》	《科学学研究》，2003年第21卷第3期

资料来源：笔者整理。

（三）吸收能力的研究维度

Cohen 和 Levinthal（1990）将吸收能力定义为"企业有能力去辨识新的价值、获取外部知识、去消化吸收并将此知识运用于商业目的上"，吸收能力对 KIBS 的知识能力及生存发展至关重要。总体而言，在研究定义方面，Cohen 和 Levinthal（1990）的定义是被普遍接受并应用的。但相关学者以往对吸收能力的测量研究来看，吸收能力的测量方法却存在着较大差异。由于 Cohen 和 Levinthal 最初将吸收能力定义为消化和吸收知识的能力，此概念的抽象性使得测量存在着很大难度。学者普遍认为吸收能力是一个复杂的多维变量，很难度量。因而现有文献对吸收能力的测量表现出较大差别，从最初的单因素测量，用研发投入或研发强度这一单一指标来替代吸收能力，到进一步研究以后集中在对吸收能力维度分解方面，研究成果非常丰富。

Zahra 和 George（2002）提出将吸收能力分解为潜在吸收能力和现实吸收能力，再进一步将潜在吸收能力分解为知识获取能力和知识消化能力，将现实吸收能力分解为知识转化能力和知识利用能力。其中，知识获取能力指企业识别和获取外部产生的知识的能力；知识消化能力指的是企业检查、解释和理解外部获得的信息的能力；知识消化能力指企业将外部获取的知识内化的过程；知识利用能力则指企业通过把内化的知识利用到企业的生产经营过程中的能力。这种四维度的划分方法得到了理论界的广泛采用。

Ouyang（2008）在研究资源、吸收能力和企业技术获取模式的关系时，借鉴了 Zahra 和 George（2002）的四维度观点，把吸收能力分为四个维度：与环境的交互作用、内部知识扩散和利用的社会化整合机制、先验知识水平以及过去的经验。这种维度划分，特别是后两个维度，主要是基于企业技术获取的特定主题提出的。他们的研究主要意图是探索吸收能力对企业技术获取模式的影响。这也是一类比较有代表性的划分维度。特别是研究所采用的先验知识水平以及交互作用对很多服务企业的服务过程研究具有非常高的借鉴意义。

通过文献的回顾以及上述分析，结合 KIBS 企业服务的高度交互的特点，我们尝试通过 KIBS 的服务交互过程将其吸收能力通过三个维度来划分：①交互前企业的知识吸收能力，即企业知识基础。本书认为，吸收能力特别强调知识的外部获取，而这种获取与企业的先验知识水平高度相关，即组织内部原有的知识能力。企业内部原有的知识基础可增加企业吸收与使用新知识的能力，包括基本的技能、共享的语言以及对于相关领域是否拥有最先进的科学及科技发展知识等。因此，我们可以说原有知识基础是一种去确认新信息是否有价值并获得新信息且在组织中扩散，而最后能将这新信息商业化的一种能力。另外，这一阶段涉及的因素还包括组织与外界环境的沟通结构及技术专家数目、公司的研发投入等。②交互过程中的吸收能力主要表现为在提供服务的过程中,企业是否具有特定的程序和规范以提高自身的知识水平,即知识获取能力。交互过程中的知识吸收能力包含"绝对吸收能力"和"相对吸收能力"两方面。绝对吸收能力是指 KIBS 在交互过程中的理解、消化及应用外部知识等方面的能力;而"相对吸收能力"则将概念扩张到师生关系上,也就是公司的吸收能力与师生公司的相对特质有关,包括师生在知识基础、组织结构等方面的相似性。③交互后的知识吸收能力,主要指已获取知识的内化能力,即交互结束后如何将交互过程中获取的知识与企业原有的知识基础相整合,具体可以从员工的学习能力和组织的学习能力两方面来衡量。研究维度及其具体内涵如表 5-2 所示。

表 5-2 吸收能力测量题项

知识基础	a11	企业大多数员工具有很高的专业服务水平
	a12	企业的技术专家在同行业内具有较高的声望
	a13	企业在所属的服务领域有专长
	a14	企业经常通过培训等方式进行知识更新
知识获取能力	a21	企业在服务过程中强调与客户之间的沟通
	a22	企业在日常经营中经常引入外部专家或机构开展合作
	a23	企业对服务过程有较为健全的管理体系
	a24	企业与供应商、客户保持紧密联系
知识内化能力	a31	企业员工知识交流频繁,共享知识信息的能力很强
	a32	企业注重知识管理强调通过项目提升知识水平
	a33	企业内部具备规范的资料共享管理机制

资料来源:笔者整理。

三、知识创新能力的内涵与研究维度

(一)创新与知识创新

按照我们对于知识能力的分析,知识密集型服务企业保持其竞争优势的重要源泉是其自身的知识创造能力,即知识创新能力。

创新的概念由来已久,社会学、经济学乃至政治等领域都对这个概念有自己的定义，从理论角度来说，并没有对创新形成一个统一接受的定义，定义涉及的背景和范畴都存在很大差别。管理学领域的创新概念沿袭经济学的研究。创新概念在20世纪初正式为经济学家的研究所关注。美籍奥地利经济学家熊彼特在1912年出版的《经济发展理论》正式标志着经济学创新理论的建立。熊彼特认为，创新是指把一种生产要素和生产条件的新结合引入生产体系，或者建立一种新的生产函数，以获得利润的过程。按照熊彼特的观点，他强调的创新是新工具和新方法在生产中的创造性运用，强调创新行为的经济效应和商业价值。熊彼特的创新概念包含的范围很广，既涉及技术性变化的创新，也包括非技术性变化的组织创新。

熊彼特的创新概念为经济学的创新研究奠定了基础。在此基础上，创新的研究进一步深化和细化，从20世纪60年代开始，创新研究进一步发展集中为对技术创新的研究。中外经济和管理科学领域对技术创新的研究成果都很丰富，主要涉及宏观角度分析技术创新对经济的影响，以及中微观角度对企业技术创新行为和过程的关注等。

熊彼特的创新理论体系的另一个重要发展是制度创新理论。制度创新是指能够使创新者获得附加利润的制度变革，通常涉及组织形式或经营管理形式的创新。

与技术创新和制度创新相比，知识创新的概念出现较晚，国外对知识创新的研究最初开始于对知识的起源研究，并逐步扩展到关注知识创新过程，侧重于从组织学习角度对知识创新进行研究，有关知识创新影响因素的研究成果也很多。知识创新与技术创新的内涵差别较大。技术创新概念的提出与工业经济的快速发展相关，强调企业生产的新产品、新工艺和技术扩散，而知识创新则更关注于知识本身的创造和转化，是比技术创新更基础层面的创新概念。近年来，知识创新已经成为高科技企业研究的重要内容之一。

(二) 创新能力影响因素研究

有关创新能力的研究成果较多，本书将近些年国内有代表性的研究成果进行了一个简单的总结，如表5-3所示。

表5-3 创新能力影响因素的研究成果汇总

影响因素	文章题目	发表期刊，年份
服务业创新主要有服务产品创新、服务过程创新、组织创新、市场创新及特定服务创新。其中服务产品创新的影响因素包括：物化知识水平、人力资源水平、研发投入；服务过程创新的影响因素包括：服务水平、服务体制；组织创新的影响因素包括：组织创新活动与信息化技术的关联度、组织结构与文化；市场创新的影响因素包括：洞悉市场能力、市场环境、与同行企业联盟关系密集度；特定服务创新的影响因素包括：CRM战略、核心竞争力	俞义樵、夏燕梅：《知识密集型服务企业创新能力影响因素研究》	《科技进步与对策》，2010年2月
企业知识存量水平（人类知识、结构知识、客户知识）；场效应力（企业信息基础设施水平、企业内部制度、企业文化环境、激励水平、企业包袱水平）；知识获取能力（知识吸取与修正能力、利用网络和网络能力）；知识转移能力（直觉能力、解释能力、整合能力、制度化能力）；企业的领导力（管理能力、指导能力、决策能力）	吴云鹏、王君：《企业知识创新能力影响因素分析方法》	《北京航空航天大学学报》（社会科学版），2010年第23卷第4期
GEM模型影响因素主要包括：①（实质上是企业集群的供给要素）包括资源、设施两因素；②（实质上是企业集群的结构因素）包括供应商、公司结构和战略；③（实质上是企业集群的需求因素）包括本地市场、外部市场两个因素	叶金福、李正锋：《产业集群内知识创新能力影响因素的实证分析》；李正锋、叶金福：《产业集群内知识创新能力影响因素及对策研究》	《科学学研究》，2006年第24卷第4期；《情报科学》，2006年第24卷第9期
影响知识型企业知识扩散与知识创新的因素包括：主体因素——知识型员工的差异；客体因素——隐形知识的扩散难度；环境因素——企业文化的开放性	陈素娟、孙锐：《知识型企业知识扩散与知识创新的协调困境及对策》	《科技进步与对策》，2010年第27卷第12期
知识创新的关键因素：知识资产（基础）、柔性组织（推动力）、场（平台）。其中，知识资产分为四类：经验性知识资产、概念性知识资产、系统性知识资产、惯例性知识资产。柔性组织具有以下特征：成员意志自由、创造性混乱、信息冗余。场有四类：起源场、对话场、系统场、试验场	王娟茹、赵嵩正、杨瑾：《企业知识创新的模型及其关键因素研究》	《科学管理研究》，2004年第22卷第5期
假设1：企业的中心度与创新绩效正相关；假设2：企业占据的结构洞数目与创新绩效正相关；假设3a：企业的知识获取能力与创新绩效正相关；假设3b：企业的知识消化能力与创新绩效正相关；假设3c：企业的知识转换能力与创新绩效正相关；假设3d：企业的知识应用能力与创新绩效正相关	钱锡红、杨永福、徐万里：《企业网络位置、吸收能力与创新绩效——一个交互效应模型》	《管理世界》（月刊），2010年第5期
与外部合作创新是公司尤其是中小公司提升创新能力的主要途径，因此基本假设是：和供应商、客户、竞争对手、科研院所合作能够提升公司的创新绩效。同时，吸收能力能够提升和供应商、客户、竞争者、科研机构合作的创新绩效	任爱莲：《吸收能力对合作创新绩效的影响研究——来自中小电子信息科技企业的证据》	《科学管理研究》，2010年第28卷第1期

（三）知识创新能力的研究维度

在本书中，我们尝试遵循国内外 KIBS 与客户之间的互动创新过程以及制造业知识创造能力的众多研究成果，总结出有关 KIBS 知识创新能力的结构及其决定因素。然而，知识密集型服务企业所处的外部环境和运营现状显然与国外相关研究的背景有很大区别，因此，仅仅基于文献探讨识别出的影响因素肯定不完全符合目前国内的实际情况，这就需要在文献梳理的基础上，运用深度访谈与内容分析等研究方法，给予必要的修正，即通过专家访谈对因素进行筛选，并结合对筛选出的有代表性的企业进行案例分析，探讨 KIBS 如何通过与其客户、供应商、竞争者和互补者之间的互动过程提升其知识创新能力，从而实现对问题的定义。在此基础上，着重利用问卷调查进行因子分析，通过因子分析识别出影响其知识创新能力的决定因素，并尝试探究提升 KIBS 知识创新能力的具体途径。

知识创新能力反映了企业的知识创造与知识转化能力。在对高科技企业的研究中，创新能力的测量通常采用研发投入或专利数量等指标来进行测量。然而，服务创新是没有专利保护的，而在研发投入方面，所属于不同行业的 KIBS 企业也存在着极大的差别。基于新技术的 KIBS 一般研发投入较高，而大量传统行业类型的 KIBS 基本没有研发投入。采用这种单一定量指标很难实现对其知识创新能力的测定，同时也无法实现后续结果和企业间的可比性。因此，结合 KIBS 的自身特点，本书在知识创新研究方面，选择从结构性知识创新能力与运营性知识创新能力两方面入手（见表5-4）。结构性知识创新能力侧重于关注 KIBS 企业的固有特征，包括企业战略、对创新的重视程度、组织设置等；运营性知识创新能力则从企业内部运营和交互过程入手，探讨企业运营中涉及的哪些因素会直接对其知识创新能力产生影响，主要涉及组织学习能力、服务创新水平等多方面。

表 5-4 知识创新能力测量题项

结构性知识创新能力	b11	企业注重拓展新的服务领域
	b12	企业高层管理者具有很强的创新精神
	b13	员工提出的新想法容易得到管理层的鼓励与支持
	b14	企业设立了专门人员或机构来搜集各种创新构思
	b15	企业在行业中注重应用新技术或引入新产品
运营性知识创新能力	b21	在同行业中企业更倾向于提供创新性的服务
	b22	企业为客户提供服务的方式经常发生变化
	b23	企业服务水平持续提升
	b24	企业能系统了解所属行业服务发展趋势
	b25	企业为客户提供服务的定制化程度很高

资料来源：笔者整理。

四、KIBS 成长的研究维度

现实中企业的成长是包含企业各个维度的整体成长，某一方面的变化需要其他方面的相应变革来配合。本项目选择知识能力作为切入点，衡量知识能力与企业成长之间的关系；探索用于衡量知识密集型服务企业成长水平的要素也是研究中的重要部分。在本书中，本着知识密集型服务企业竞争的核心资源是知识这一核心思想，借鉴战略成长理论中的资源中心论，对其成长进行测量。通常对成长的测量是从企业规模、利润率和销售额等方面进行测定，然而在实际调查中，很多企业并不愿意提供与利润相关的数据。因此，本书尝试通过一些间接性的描述来测定企业成长。同时，本书发现，市场上存在着大量经营成功、具备竞争优势但是规模很小的知识密集型服务企业的成功案例，这反映了知识密集型服务企业的成长不仅包括量的成长，更强调的是质的成长。其中，量的成长指企业规模的扩大，体现为企业要素、资源方面量的增加，其中包括销售额、利润的增长等；质的成长表现为企业结构特征的发展和创新、竞争力的增强、竞争优势的确立和企业的长期持续发展。这与很多制造业的成长测定存在显著不同。根据测定的两个方面，我们选择了成长潜力和比较优势两个维度对知识密集型服务企业的成长进行测量，其对应的题项如表 5-5 所示。

表 5-5　KIBS 企业成长测量题项

成长潜力	c11	企业盈利水平呈逐年增长态势
	c12	企业销售额呈逐年增长态势
	c13	企业员工数量呈逐年增长态势
比较优势	c21	企业在北京地区同行业相比具有相当高的竞争力
	c22	企业的净利润在行业中处于领先地位
	c23	企业市场份额在行业中处于领先地位
	c24	企业人均盈利能力在行业中处于领先地位

资料来源：笔者整理。

第三节　研究基本框架

有大量研究指出，在制造企业或者高科技企业中技术能力、创新能力与企业绩效或企业成长间存在着高度相关。基于技术和知识的不同属性，本书选择知识作为知识密集型服务企业知识能力的研究切入点，提出了知识密集型服务企业知识能力与企业成长间微观关系的理论框架。

基于资源基础论中的知识论，本书的核心观点就是，KIBS 类企业的知识能力与其成长之间密切相关。而知识能力主要通过吸收能力和知识创新能力两个方面进行衡量。同时研究显示，吸收能力和创新之间表现出一定的相关关系。Cohen 和 Levinthal（1990）认为企业研发投资不仅可以创造内部新知识，还可以使企业识别、消化和利用外部发展起来的新知识。而后者即是企业的吸收能力。此后，有很多研究都关注于吸收能力与创新间的关系。而这种研究多集中于制造业特别是高科技企业。现有研究成果基本都支持吸收能力与创新产出之间存在正相关关系。因为新知识是在企业原在知识的基础上产生的，企业的知识创新建立在企业原有的知识存量之上。我们借鉴此类研究成果，认为知识能力不是知识吸收能力与知识创新能力的简单叠加，吸收能力会对知识创新能力产生积极影响。基本的研究框架如图 5-1 所示。

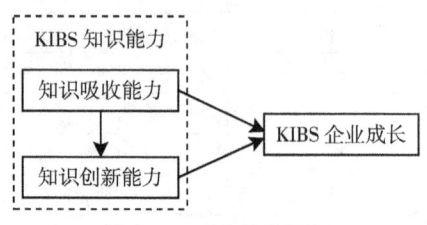

图 5-1　研究基本框架

KIBS 的知识能力与企业成长之间存在着密切的联系，而知识能力通过知识吸收能力和知识创新能力两个方面表现出来。在大量文献研究的基础上，基于 KIBS 的企业特性和本书的知识视角，我们对于研究对象进行了定义和细化分解，并给出了每个维度对应的题项：将 KIBS 的吸收能力分为三个维度，分别为知识基础、知识获取能力和知识内化能力；将 KIBS 的知识创新能力分为结构性知识创新能力与运营性知识创新能力两个维度。而企业成长则通过盈利能力、成长潜力和比较优势三个维度表现出来。基于大量文献中对于吸收能力和知识创新能力的维度研究以及对两者间的关系研究，结合战略管理中的资源理论，本书对图 5-1 给出的基本研究框架进行了细化，提出了具体的关系模型，如图 5-2 所示。

KIBS 的知识吸收能力与知识创新能力之间存在密切的联系性。大量有关吸收能力的研究都将知识基础作为一个重要的维度来进行研究，指出知识基础是吸收能力其他维度的重要支撑，企业目前所拥有的知识会对其知识获取和知识内化水平产生直接影响。同时，企业的创新也是建立在现有吸收能力之上的创新，企业吸收能力的各维度要素会对创新产生相应的影响。在此基础之上，分析了吸收能力要素、知识创新能力要素与企业成长之间的关系，认为知识能力要素与企业成长潜力和比较优势间存在着密切联系。

第五章 研究设计

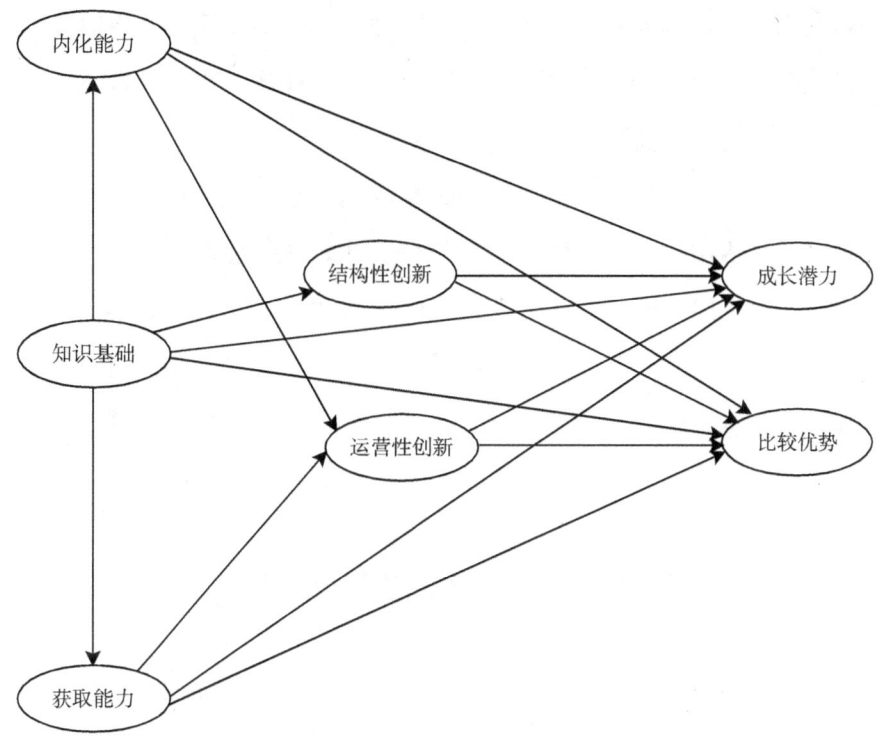

图 5-2 知识能力与企业成长关系细化关系模型

具体包括如下 15 个假设：

（1）知识吸收能力内部要素间关系：

假设 1a：KIBS 的知识基础与知识获取能力正相关；

假设 1b：KIBS 的知识基础与知识内化能力正相关。

（2）知识吸收能力对知识创新能力要素的影响：

假设 2a：KIBS 的知识基础与结构性知识创新能力正相关；

假设 2b：KIBS 的知识获取能力与运营性知识创新能力正相关；

假设 2c：KIBS 的知识内化能力与运营性知识创新能力正相关。

（3）知识能力各要素对 KIBS 成长潜力的作用：

假设 3a：KIBS 的知识基础与企业成长潜力正相关；

假设 3b：KIBS 的知识获取能力与企业成长潜力正相关；

假设 3c：KIBS 的知识内化能力与企业成长潜力正相关；

假设 3d：KIBS 的结构性知识创新能力与企业成长潜力正相关；

假设 3e：KIBS 的运营性知识创新能力与企业成长潜力正相关。

(4) 知识能力各要素对 KIBS 比较优势的作用：

假设 4a：KIBS 的知识基础与企业比较优势正相关；

假设 4b：KIBS 的知识获取能力与企业比较优势正相关；

假设 4c：KIBS 的知识内化能力与企业比较优势正相关；

假设 4d：KIBS 的结构性知识创新能力与企业比较优势正相关；

假设 4e：KIBS 的运营性知识创新能力与企业比较优势正相关。

第四节 预调查研究

为了提高量表的和问卷的信度和效度，将其应用于正式研究。在正式调查之前必须进行预调查研究，并需要对预调查研究所得到的数据进行相关的信度效度检验，进而确定正式的调查问卷。

一、小样本数据描述

预调查的主要目的是通过初步的小样本调查，获得相关数据，在对小样本数据进行分析的基础上对所开发的量表的信度和效度进行评价，并根据信度与效度分析结果对问卷做进一步的修改与完善。

小样本调研通过实地走访的方式对北京多家知识密集型服务企业进行了问卷调查，被调查企业按照所属行业主要集中于会计师事务所、管理咨询公司等行业。本次共发放调查问卷 75 份，回收问卷 63 份，回收率为 84%。剔除了缺项和存在逻辑矛盾的问卷之后，最终获得有效问卷为 58 份，问卷有效回收率为 77.33%。在问卷调查过程中，我们还针对问卷的

第五章 研究设计

内容和指标的选择征求了被调查人和部分专家的意见，请他们提出建议，并对问项设置和语义理解进行了具体征询。总的来说，被调查人和专家度问卷呈认可态度，从内容角度而言，问卷的内容效度获得了较高认同。

在信度和效度分析之前，首先需要对预调查数据的正态分布进行具体检验。正态分布一般可以采用变量的偏度和峰度来进行判断（见表5-6）。一般认为，偏度与峰度都是越接近0越好。但一般而言，当偏度绝对值小于2，峰度绝对值小于5时，认为其基本服从正态分布。

表5-6 样本数据的正态分布检验

	有效样本数	均值	标准差	偏度	偏度的标准误	峰度	峰度的标准误
a11	58	3.0345	0.85769	-0.067	0.314	-0.787	0.618
a12	58	3.2414	0.82314	-0.286	0.314	-0.074	0.618
a13	58	3.7759	0.87946	-0.179	0.314	-0.703	0.618
a14	58	4.0862	0.94190	-0.698	0.314	-0.495	0.618
a21	58	4.3966	0.91651	-1.737	0.314	2.999	0.618
a22	58	2.2069	0.95069	0.582	0.314	0.126	0.618
a23	58	4.4138	0.77311	-1.353	0.314	1.650	0.618
a24	58	4.6379	0.61268	-1.502	0.314	1.213	0.618
a31	58	4.3103	0.95893	-1.165	0.314	0.186	0.618
a32	58	3.2759	0.83336	-0.564	0.314	-0.359	0.618
a33	58	3.2586	1.00106	-0.332	0.314	-0.665	0.618
b11	58	3.9138	1.11268	-0.774	0.314	-0.423	0.618
b12	58	3.1034	1.05448	-0.306	0.314	-0.388	0.618
b13	58	3.1207	0.95656	-0.124	0.314	-0.573	0.618
b14	58	3.9483	0.94447	-0.541	0.314	-0.593	0.618
b15	58	3.9310	1.10600	-1.230	0.314	1.300	0.618
b21	58	3.9828	1.05117	-1.185	0.314	1.396	0.618
b22	58	3.9483	1.03318	-1.179	0.314	1.509	0.618
b23	58	3.0172	0.98215	-0.611	0.314	-0.209	0.618
b24	58	2.7586	1.01412	-0.326	0.314	-0.967	0.618
b25	58	2.6207	1.02303	-0.084	0.314	-1.104	0.618
c11	58	2.8621	1.05045	0.191	0.314	-0.419	0.618
c12	58	3.1034	1.23813	0.142	0.314	-0.940	0.618
c13	58	2.8103	0.82626	-0.015	0.314	0.188	0.618
c21	58	3.2759	1.12067	-0.342	0.314	-0.345	0.618
c22	58	2.6207	1.24008	0.314	0.314	-0.815	0.618
c23	58	3.1724	1.12605	-0.276	0.314	-0.643	0.618
c24	58	2.7586	1.01412	-0.326	0.314	-0.967	0.618

由表 5-6 可以看出，本书各测量条款的值都基本服从正态分布，可以进行下一步的分析。

二、小样本数据信度分析

信度（Reliability）即可靠性，是指采用同样的方法对同一对象重复测量时所得结果的一致性程度，即测量结果的一致性或稳定性程度。一致性主要反映的是测验内部题目自建的关系，考察测验的各个题目是否测量了相同的内容或特质。稳定性则是用一种测量问卷对同一群受试者进行不同时间上的重复测量结果见的可靠系数。如果问卷设计合理，重复测量的结果之间应该是高度相关的。由于本书并没有进行多次重复测量，所以主要采用反映内部一致性的指标来测量数据的信度。

Cronbach 在 1951 年提出的 Cronbach Alpha 系数，这种方法将测量工具中任一条目结果同其他所有条目做比较，对量表内部一致性估计更为慎重，是目前常用的方法，一般认为测量变量的 α 系数应该大于 0.7。本章采用 SPSS18.0 研究数据的内部一致性，得到整个研究的信度分析结果。如表 5-7 所示，所有数据的 Cronbach α 系数为 0.885，说明案例所适用的数据具有较好的信度。

表 5-7 信度分析结果

Cronbach's Alpha	项数
0.885	28

在整个量表数据监测的检出上，分别对本书中所涉及的各个前变量的测量题项进行信度分析，主要用于精简问卷，以删除对测量变量贡献不大的题项，增进信度。采用 CITC（Corrected-item Total Correlation，CITC）法和 Cronbach α 系数相结合对量表的测量题项进行具体分析。对于 CITC 值小于 0.3 且删除后可以增加 α 值的条款可以删除，同时利用 Cronbach α 系数对信度进行检测。如果删除某个题项，Cronbach α 系数增大，则表示

应该删除该条款。

在知识基础的测量题项检测中，所有的 CITC 指数均大于 0.3，且可靠性统计量 Cronbach α 系数 0.773，大于 0.7，因此知识基础的量表的整体信度符合研究要求。

表 5-8　知识基础题项的信度分析

	校正的项总计相关性
企业大多数员工具有很高的专业服务水平（a11）	0.664
企业的技术专家在同行业具有较高声望（a12）	0.657
企业在所属的服务领域有专长（a13）	0.519
企业经常通过培训等方式进行知识更新（a14）	0.480
知识基础题项可靠性统计量	
Cronbach's Alpha	项数
0.773	4

知识获取能力的分析，结果如表 5-9 所示。其中 a22 小于 0.3，删除题项 a22 后 α 系数从 0.470 上升为 0.724，因此将题项 a22 删除。

表 5-9　知识获取能力题项的信度分析

	CITC	项已删除的 Cronbach's Alpha 值
企业在服务过程中强调与客户之间的沟通（a21）	0.477	0.153
企业经常引入外部专家或机构开展合作（a22）	0.024	0.724
企业对服务过程有较为健全的管理体系（a23）	0.465	0.212
企业与供应商、客户保持紧密联系（a24）	0.495	0.394
知识获取能力题项可靠性统计量		
Cronbach's Alpha	项数	
0.470	4	
0.724	3	

知识内化能力的分析，结果如表 5-10 所示。其中题项 a31 的 CITC 值为 0.249，小于 0.3，删除该题项后，α 系数从 0.611 上升为 0.748，因此将题项 a22 删除。

结构性创新能力的分析，结果如表 5-11 所示。其中题项 b11 的 CITC 值为 0.230，小于 0.3，删除该题项后，α 系数从 0.650 上升为 0.732，因此

表 5-10　知识内化能力题项的信度分析

	CITC	项已删除的 Cronbach's Alpha 值
企业员工知识交流频繁，共享知识信息的能力很强（a31）	0.249	0.748
企业注重知识管理强调通过项目提升知识水平（a32）	0.516	0.392
企业内部具备规范的资料共享管理机制（a33）	0.532	0.328
知识内化能力题项可靠性统计量		
Cronbach's Alpha	项数	
0.611	3	
0.748	2	

表 5-11　结构性创新能力题项的信度分析

	CITC	项已删除的 Cronbach's Alpha 值
企业注重拓展新的服务领域（b11）	0.230	0.732
企业高层管理者具有很强的创新精神（b12）	0.439	0.580
员工提出的新想法容易得到管理层的鼓励和支持（b13）	0.419	0.591
企业设立了专门人员或机构来搜集各种创新构思（b14）	0.442	0.582
企业在行业中注重应用新技术或引入新产品（b15）	0.512	0.541
结构性创新能力题项可靠性统计量		
Cronbach's Alpha	项数	
0.650	5	
0.732	4	

将题项 b11 删除。

运营性创新能力的分析，结果如表 5-12 所示。所有的 CITC 指数均大于 0.3，且可靠性统计量 Cronbach α 系数 0.742，大于 0.7，因此运营性创新能力量表的整体信度符合研究要求。

表 5-12　运营性创新能力题项的信度分析

	CITC	项已删除的 Cronbach's Alpha 值
在同行业中企业更倾向于提供创新性的服务（b21）	0.392	0.739
企业为客户提供服务的方式经常发生变化（b22）	0.403	0.734
企业服务水平持续提升（b23）	0.601	0.661
企业能系统了解所属行业服务发展趋势（b24）	0.645	0.642
企业为客户提供服务的定制化程度很高（b25）	0.502	0.698
运营性创新能力题项可靠性统计量		
Cronbach's Alpha	项数	
0.742	5	

成长潜力的分析,结果如表 5-13 所示。所有的 CITC 指数均大于 0.3,且可靠性统计量 Cronbach α 系数 0.940,大于 0.7,因此成长潜力量表的整体信度符合研究要求。

表 5-13 成长潜力题项的信度分析

	CITC	项已删除的 Cronbach's Alpha 值
企业盈利水平呈逐年增长态势(c11)	0.923	0.876
企业销售额呈逐年增长态势(c12)	0.931	0.869
企业员工数量呈逐年增长态势(c13)	0.779	0.987
成长能力题项可靠性统计量		
Cronbach's Alpha	项数	
0.940	3	

比较优势的分析结果如表 5-14 所示。所有的 CITC 指数均大于 0.3,且可靠性统计量 Cronbach α 系数 0.761,大于 0.7,因此成长潜力量表的整体信度符合研究要求。

表 5-14 成长潜力题项的信度分析

	CITC	项已删除的 Cronbach's Alpha 值
企业与同行业相比具有相当高的竞争力(c21)	0.538	0.716
企业的净利润在行业中处于领先地位(c22)	0.616	0.674
企业市场份额在行业中处于领先地位(c23)	0.588	0.689
企业人均盈利能力在行业中处于领先地位(c24)	0.503	0.735
成长能力题项可靠性统计量		
Cronbach's Alpha	项数	
0.761	4	

经过信度分析,本书删除了未达到标准的测量题项 a22、a31 和 b11,对调查问卷进行了相应的调整,确定了本书所使用的大规模调查问卷。

第六章 研究结果与讨论

第一节 数据的收集与描述

一、样本数据的收集

本章采用问卷调查方式来收集数据,问卷发放对象为北京市市区范围内的知识密集型服务企业。在问卷发放过程中,走访了包括国贸地区、三元桥地区、中关村地区的20多个写字楼,对写字楼里的相关行业企业进行了调查,最后获得的问卷主要集中在管理咨询、会计师事务所、信息技术服务业、工程咨询等代表性的知识密集型服务企业。

在数据分析方面,本章将首先利用SPSS 18.0对数据进行简单的描述性统计和信度分析。对模型的路径关系分析,考虑到本章涉及的变量众多,且变量间关系复杂,因此,笔者选择采用结构方程模型来对数据进行具体分析,并检验研究假设。

数据的真实有效性是进行数理统计研究的前提与基础。由于本书的调查内容涉及的吸收能力、知识创新和成长潜力、比较优势等要素都是企业层面的变量,因此在调查中要求被调查者要对企业的现状和发展有非常明确的了解和把握，为保证调查结果的可靠性，本书的调查对象主要是企业的中高层管理人员。为尽可能获取到适合于本书的相对充足且真实有效的样本量，笔者在问卷发放对象及发放渠道等方面做了大量的前期工作。在发放对象选取方面，尽可能通过行业协会或对毕业学生的工作单位进行调研，以获得企业中高层管理人员的支持和配合，以尽可能了解到企业的真实信息。在发放渠道的选择方面，为确保样本数量和质量，本书基本采用面对面调研形式来采集信息，主要依靠了学生、个人和行业协会的关系网络采集数据。

正式调查历时1个多月，共发放了问卷180份，获得有效问卷153份，有效问卷回收率为85%。我们使用的最终问卷共包含25个题项，根据结构方程对样本量的要求，有效问卷数达到了量表题项的5倍以上，适合采用结构方程模型进行分析。

二、样本数据的描述

首先，从样本企业所属的行业进行统计，如表6-1所示，会计师事务所和信息技术服务所占数量最多，均为35家，占样本总量的比例为22.9%，接下来为律师事务所、管理咨询和工程咨询等行业，其他行业主要包括广告业、研发与专业技术服务企业。

表6-1 样本企业所属行业分布情况

	频率	百分比
管理咨询	15	9.8
会计师事务所	35	22.9
律师事务所	21	13.7
工程咨询	24	15.7
IT服务	35	22.9
其他	23	15.0
合计	153	100.0

按照企业的所有制类型来进行划分,显然在知识密集型服务企业中民营企业在数量上呈现绝对优势,占到总样本数的 66.7%(见表 6-2)。这反映了目前市场上的知识密集型服务企业的一个重要属性,即多为个人或者合伙制的民营企业。除民营企业外,合资和外资企业也分别占到了19.6%和7.2%,这一数字也显示了很多国际知识密集型服务机构已经逐渐进入中国,向中国进行服务输出。

表 6-2 样本企业所有制类型分布情况

	频率	百分比
国有企业	10	6.5
民营企业	102	66.7
合资企业	30	19.6
外资企业	11	7.2
合计	153	100.0

在经营年限方面,为了更好地体现企业的成长性指标,我们在回收的问卷中删除了所有成立少于一年的公司,最终获得的结果如表 6-3 所示。经营年限 5~10 年和 3~5 年的分别为 54 家和 52 家,各占了总样本数的 1/3 以上。这也符合我国知识密集型服务企业整体的发展状况,在近 10 年受到高度关注,且进入高速成长阶段。

表 6-3 样本企业经营年限的分布情况

	频率	百分比
1~3 年	22	14.4
3~5 年	52	34.0
5~10 年	54	35.3
10 年以上	25	16.3
合计	153	100.0

知识密集型服务企业特别强调向客户提供专业知识,服务活动的效果在很大程度上依赖于员工的知识水平,这也是 KIBS 区别于传统服务业的一项重要特征。知识型员工是知识密集型服务企业向客户提供知识服务的

基础。通过收集企业员工数量和本科及以上学历的员工数量，计算了相应的本科及以上学历员工的比例，其数据如表 6-4 所示。在调查的所有 153 家企业中，所有企业这一比例均高于 50%，本科及以上学历员工的比例达 70%以上，占到了总样本的 89.5%，此数据远远高于很多传统服务业，反映了 KIBS 员工的高知识特性。

表 6-4 样本企业本科及以上学历员工比例的分布情况

	频率	百分比
50%以下	0	0
50%~70%	16	10.5
70%~90%	112	73.2
90%以上	25	16.3
合计	153	100.0

应用结构方程模型首先要求数据符合正态分布，因此，要先对数据进行正态检验。所有测量题项的数据如表 6-5 所示，按照偏度和峰度绝对值的要求，我们可以发现所有测量题项的值都基本服从正态分布，可以进行下一步分析。

表 6-5 测量题项的描述统计量

	N	均值	标准差	偏度		峰度	
	统计量	统计量	统计量	统计量	标准误	统计量	标准误
企业大多数员工具有很高的专业服务水平	153	2.8562	0.99617	-0.192	0.196	-0.566	0.390
企业的技术专家在同行业具有较高声望	153	3.0392	1.02522	-0.413	0.196	-0.452	0.390
企业在所属的服务领域有专长	153	3.6013	1.03453	-0.546	0.196	-0.244	0.390
企业经常通过培训等方式进行知识更新	153	3.8497	1.04988	-0.731	0.196	0.049	0.390
企业在服务过程中强调与客户之间的沟通	153	3.8497	1.09887	-0.571	0.196	-0.762	0.390
企业对服务过程有较为健全的管理体系	153	3.9216	0.96334	-0.557	0.196	-0.443	0.390
企业与供应商、客户保持紧密联系	153	4.1373	0.92522	-0.934	0.196	0.518	0.390

续表

	N	均值	标准差	偏度		峰度	
	统计量	统计量	统计量	统计量	标准误	统计量	标准误
企业注重知识管理强调通过项目提升知识水平	153	3.8824	1.03200	-0.707	0.196	-0.166	0.390
企业内部具备规范的资料共享管理机制	153	3.7582	1.14723	-0.732	0.196	-0.302	0.390
企业高层管理者具有很强的创新精神	153	3.1503	1.09287	-0.487	0.196	-0.519	0.390
员工提出的新想法容易得到管理层的鼓励和支持	153	3.4641	1.10636	-0.528	0.196	-0.417	0.390
企业设立了专门人员或机构来搜集各种创新构思	153	3.3660	1.15138	-0.466	0.196	-0.499	0.390
企业在行业中注重应用新技术或引入新产品	153	3.3203	1.21208	-0.459	0.196	-0.647	0.390
在同行业中企业更倾向于提供创新性的服务	153	3.8497	1.06852	-0.875	0.196	0.390	0.390
企业为客户提供服务的方式经常发生变化	153	3.8366	1.04791	-0.883	0.196	0.529	0.390
企业服务水平持续提升	153	2.9869	1.03229	-0.555	0.196	-0.523	0.390
企业能系统了解所属行业服务发展趋势	153	2.7974	1.08434	-0.309	0.196	-0.997	0.390
企业为客户提供服务的定制化程度很高	153	2.5948	1.04149	-0.044	0.196	-0.899	0.390
企业在北京地区同行业相比具有相当高的竞争力	153	3.6340	1.02438	-0.591	0.196	0.032	0.390
企业的净利润在行业中处于领先地位	153	3.1895	1.31665	-0.128	0.196	-1.053	0.390
企业市场份额在行业中处于领先地位	153	3.3922	1.16549	-0.354	0.196	-0.746	0.390
企业人均盈利能力在行业中处于领先地位	153	3.4771	1.18146	-0.466	0.196	-0.611	0.390
有效的 N（列表状态）	153						

第二节 数据信度分析

对大样本数据依然延续小样本分析的信度分析方法，用 Cronbach α 系数对量表信度进行具体分析。Cronbach α 系数大于 0.7，量表信度可以接受。

先对整个问卷的信度进行测量，结果如表 6-6 所示。

表 6-6 整体量表可靠性统计量

Cronbach's Alpha	项数
0.863	25

再对各个变量进行分别测量，结果如表 6-7 所示。检测所得结果各项 α 系数均大于 0.7，说明调查数据具有可靠性，符合研究要求，可以进行下一步分析。

表 6-7 各变量可靠性统计量

	变量名称	测量题项	α 系数	总体 α 系数
知识吸收能力	知识基础	a11, a12, a13, a14	0.784	0.720
	知识获取能力	a21, a23, a24	0.825	
	知识内化能力	a32, a33	0.706	
知识创新能力	结构性创新	b12, b13, b14, b15	0.784	0.859
	运营性创新	b21, b22, b23, b24, b25	0.730	
企业成长	成长潜力	c11, c12, c13	0.788	0.842
	比较优势	c21, c22, c23, c24	0.775	

第三节 结构方程模型与假设检验

一、假设检验

结构方程模型（SEM）最重要的特性在于它必须建立在一定的理论基础之上。也就是说，SEM 是一个用以验证某一先期提出的理论模型的适切性的一种统计技术，它是一种验证性而非探索性的统计方法。

本书也是在先期理论分析的基础之上，尝试对提出的模型进行相应的验证，了解知识吸收能力、创新能力和企业成长之间的关系，并根据数据分析的结构对模型进行相应的修正，从而获得一个较为理想的模型。初始结构方程模型如图 6-1 所示。

基于此模型，将 SPSS18.0 整理后的样本数据导入 Amos 18.0 软件，对理论模型中的相关参数进行了估计，结果如表 6-8 所示。

从绝对拟合指标来看，卡方值为 887.052，自由度为 537，卡方值/自由度为 1.653，小于 2，表明模型的整体拟合结果可以接受。进一步检测其他指数，RMSEA 为 0.054，接近 0.05 的标准要求，小于 0.08 的上限，GFI 为 0.867，接近 0.9 的最低标准。从相对拟合指数来看，CFI 为 0.922，大于可接受值 0.9，从上述拟合指数来看，理论模型基本符合要求。

进一步对变量间路径系数进行分析，用 C.R.值来衡量最重结果，C.R.值大于 1.96，即表示在 $p < 0.05$ 的水平上具有统计显著性。但在具体获得的数据结果中，路径"成长潜力←内化能力"、"成长潜力←知识基础"、"比较优势←知识基础"和"成长潜力←运营性创新"的 C.R.值均小于 1.96，不具有统计显著性，未能达到结构方程模型路径的验证要求。

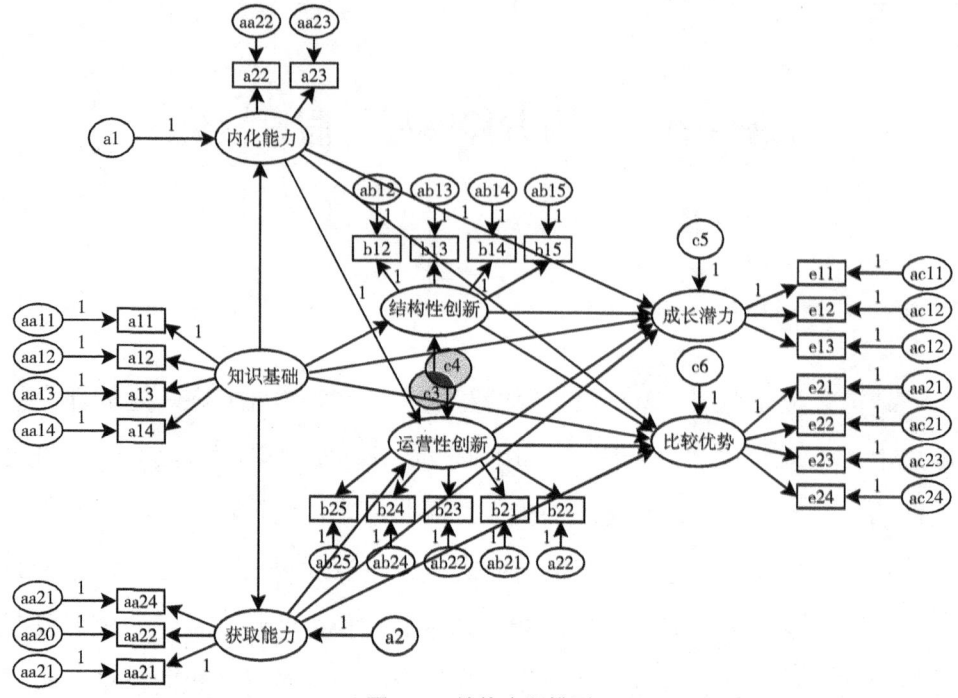

图 6-1 结构方程模型

表 6-8 结构方程模型拟合结果

	S.E.	C.R.	p	结果
获取能力←知识基础	0.313	2.349	0.019	成立
内化能力←知识基础	0.220	3.706	***	成立
结构性创新←知识基础	0.214	3.416	***	成立
运营性创新←获取能力	0.137	2.937	0.003	成立
运营性创新←内化能力	0.715	3.656	***	成立
成长潜力←内化能力	0.067	0.785	0.433	不成立
成长潜力←知识基础	0.136	0.820	0.412	不成立
成长潜力←获取能力	0.141	3.180	0.001	成立
比较优势←知识基础	0.069	0.644	0.52	不成立
比较优势←运营性创新	0.292	2.673	0.004	成立
比较优势←获取能力	0.165	3.208	0.001	成立
比较优势←内化能力	0.972	3.602	***	成立
成长潜力←结构性创新	0.621	4.877	***	成立
比较优势←结构性创新	0.388	1.997	0.046	成立
成长潜力←运营性创新	3.741	1.806	0.071	不成立

注：*** 表示 $p < 0.001$。

第六章 研究结果与讨论

针对四条路径未获得验证的情况，本书对初始模型进行了修改，删除了未获得验证的四条路径，形成了新的模型，并对其进行验证。

验证结果从绝对拟合指标来看，卡方值为904.071，自由度为537，卡方值/自由度为1.68，小于2，表明模型的整体拟合结果可以接受。进一步检测其他指数，RMSEA为0.055，接近0.05的标准要求，小于0.08的上限，GFI为0.861，接近0.9的最低标准。从相对拟合指数来看，CFI为0.913，大于可接受值0.9，从上述拟合指数来看，修改后的理论模型基本符合要求。具体的拟合结果如表6-9所示。

表6-9 修正后的结构方程模型拟合结果

	S.E.	C.R.	p	结果
获取能力←知识基础	0.318	2.333	0.020	成立
内化能力←知识基础	0.247	2.241	0.025	成立
结构性创新←知识基础	0.205	3.294	***	成立
运营性创新←获取能力	0.182	2.736	0.006	成立
运营性创新←内化能力	0.718	3.632	***	成立
成长潜力←获取能力	0.376	2.169	0.002	成立
比较优势←运营性创新	0.489	4.877	***	成立
比较优势←获取能力	0.145	2.457	0.014	成立
比较优势←内化能力	0.974	3.922	***	成立
成长潜力←结构性创新	0.534	3.011	0.003	成立
比较优势←结构性创新	0.339	2.935	0.003	成立

注：*** 表示 $p < 0.001$。

对应于研究假设，具体的研究结果如表6-10所示。

表6-10 验证成立的假设

假设类型	具体假设	结果
知识吸收能力内部要素间关系	假设1a：KIBS的知识基础与知识获取能力正相关	成立
	假设1b：KIBS的知识基础与知识内化能力正相关	成立
知识吸收能力对知识创新能力要素的影响	假设2a：KIBS的知识基础与结构性知识创新能力正相关	成立
	假设2b：KIBS的知识获取能力与运营性知识创新能力正相关	成立
	假设2c：KIBS的知识内化能力与运营性知识创新能力正相关	成立
知识能力各要素对KIBS成长潜力的作用	假设3a：KIBS的知识基础与企业成长潜力正相关	不成立
	假设3b：KIBS的知识获取能力与企业成长潜力正相关	成立
	假设3c：KIBS的知识内化能力与企业成长潜力正相关	不成立
	假设3d：KIBS的结构性知识创新能力与企业成长潜力正相关	成立
	假设3e：KIBS的运营性知识创新能力与企业成长潜力正相关	不成立

续表

假设类型	具体假设	结果
知识能力各要素对 KIBS 比较优势的作用	假设 4a：KIBS 的知识基础与企业比较优势正相关	不成立
	假设 4b：KIBS 的知识获取能力与企业比较优势正相关	成立
	假设 4c：KIBS 的知识内化能力与企业比较优势正相关	成立
	假设 4d：KIBS 的结构性知识创新能力与企业比较优势正相关	成立
	假设 4e：KIBS 的运营性知识创新能力与企业比较优势正相关	成立

二、结果分析

根据结构方程模型及修正后的模型分析运算结果，本书所进行的 15 项假设中共有 11 项获得了验证，即构建了知识吸收能力、知识创新能力与企业成长间关系的微观结构模型，如图 6-2 所示。模型整体结构未发生大的变动，知识吸收能力各要素内在关系、吸收能力与创新能力之间的关系以及知识能力各要素与企业成长之间的正相关关系基本得到了验证。

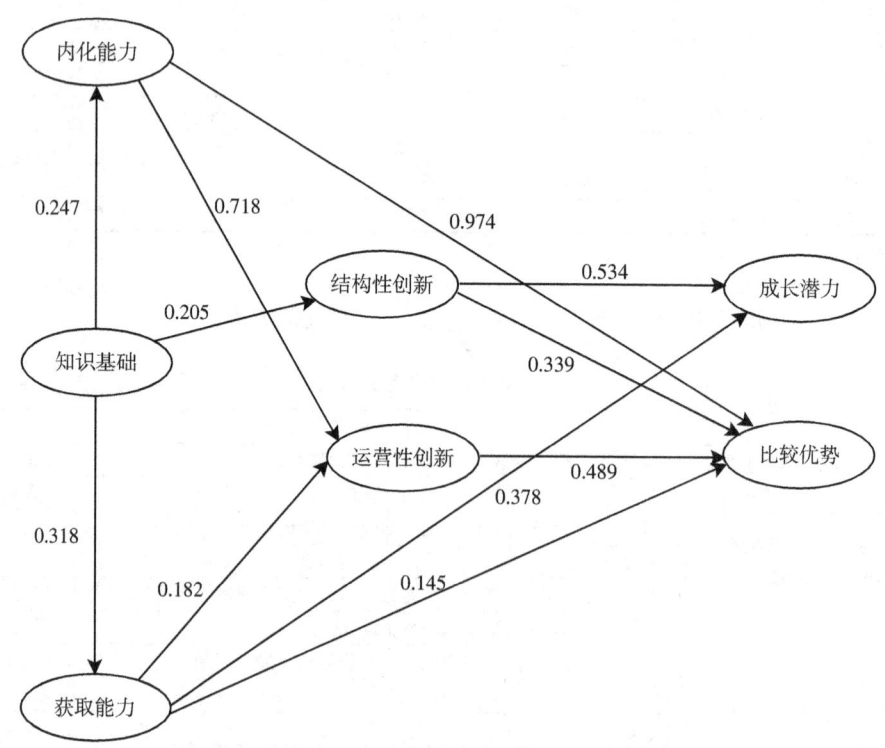

图 6-2　知识吸收能力、知识能力与企业成长关系模型

第六章 研究结果与讨论

本书根据知识密集型服务的交互特性，将知识吸收能力分为三个要素，交互前要素为知识基础，交互中要素为知识获取能力，交互后要素为知识内化能力。借鉴相关研究成果，提出了吸收能力相关要素之间的假设关系，认为知识基础与知识获取能力和知识内化能力正相关。通过结构方程模型分析，如图6-2所示，企业知识基础到知识获取能力的路径系数为0.318，到知识内化能力的路径系数为0.247，并通过了显著性检验。知识基础对知识获取能力和知识内化能力的显著正向影响均获得了验证。这与大量理论研究和实践领域的认知是相符合的。这与大量理论研究和实践领域的认知是相符合的。本书的研究结果证明了原有吸收能力研究中的观点和研究结论在知识密集型服务企业中也得到了相应的验证，为了提升整体的知识吸收能力，提升竞争优势，必须强化自身的知识存量。

知识吸收能力要素与知识创新能力要素间的关系分析也有大量研究成果。很多学者指出，企业的研发投入与吸收能力间存在着正向影响，这种研究多集中在制造业或高科技产业，而且这种研究通常都是把吸收能力作为一个整体要素来进行研究的，没有进行具体的维度分解。本书中的知识创新能力反映了企业的知识创造与知识转化能力。在对制造业或高科技企业的研究中，创新能力的测量通常采用研发投入或专利数量等指标来进行测量。然而，服务创新是没有专利保护的，而在研发投入方面，所属于不同行业的KIBS企业也存在着极大的差别，采用这种单一定量指标很难实现对其知识创新能力的测定。本书选择从结构性知识创新能力与运营性知识创新能力两方面对知识创新能力进行测定，并借鉴相关研究成果和实践经验，提出了吸收能力与知识创新能力之间的假设关系，认为KIBS的知识基础与结构性知识创新能力正相关；而知识获取能力和内化能力则与运营性知识创新能力正相关。根据结构方程模型分析，企业知识基础到结构性创新能力的标准化路径系数为0.205，而知识获取能力和内化能力到运营性创新能力的标准化路径系数分别为0.182和0.718，并全部通过了显著性检验。吸收能力与创新能力之间的关系在 KIBS 企业中得到了验证。本书的研究结果证明了吸收能力在很大程度上会对企业的创新能力产生影响，KIBS 要为客户提供创新性的服务，首先应该通过加强知识管理流程提高自身的知识吸收能力。其中，知识内化能力和运营性创新之间的标准化路径系数高达 0.718，这也说明了 KIBS 可以通过提升知识管理水平，构建规范的知识共享机制来提升创新能力。

知识能力与企业成长间的关系研究主要检测知识能力各要素对企业成长的影响，并分析其影响路径。其中，企业成长从成长潜力和比较优势两方面来进行衡量。基于研究要素，共提出了十项假设，构建了知识能力五项要素和企业成长两项要素之间的一一对应关系，最后有六项假设获得了验证。其中，知识获取能力和结构性创新到成长潜力的标准化路径系数分别为 0.376 和 0.534；结构性创新、运营性创新、获取能力和内化能力到比较优势的标准化路径系数分别为 0.339、0.489、0.145 和 0.974，并通过了显著性检验。同时，虽然知识基础到企业成长潜力和比较优势的影响路径并未通过显著性检验，但它仍然可以通过结构性创新能力要素对企业成长产生间接影响。从标准化路径系数来看，在各个影响要素中，内化能力和运营性创新能力对比较优势的影响最为突出，这表明对于知识密集型服务企业而言，服务成果的总结归纳管理以及服务过程的创新性对企业的比较优势会产生至关重要的影响，是贡献最大的要素。而结构性创新要素和服务过程中的交互式服务获取方式则会直接影响到企业的成长潜力。

第七章 研究结论、管理策略和展望

本书的总体目标在于从战略层面出发,探寻知识密集型服务企业知识能力与其成长之间的关系,通过知识创新能力和吸收能力两大变量分析其知识能力,系统提炼出知识创新能力和吸收能力的关键决定因素,探寻要素间的关系和知识能力内部的关系,并在此基础上分析研究如何通过强化知识创新和吸收能力两大方面促进企业成长。

第一节 研究的主要结论

在知识经济、服务经济和创新环境的共同影响下,知识密集型服务企业迅猛发展。但是与世界级的跨国公司相比,我国新兴的KIBS发展时间短、规模小、知识水平和盈利能力薄弱,处于明显的劣势地位,因此有必要在理论上加深对KIBS的研究。本书的研究目的在于通过对知识密集型服务企业知识能力的深入分析,探寻其与企业成长之间的关系,进而深入挖掘促进其提升知识能力和企业成长的管理策略和建议。本书在文献综述的基础上,利用文献分析、案例研究、深度访谈、问卷调查等多种方法,对知识密集型服务企业的相关概念、特点进行了具体分析,构建了KIBS的成长路径模型和知识创新体系,完成了大量理论层面的研究,并基于理

知识密集型服务企业的知识能力研究

论分析进一步形成了对吸收能力和创新能力的维度分解,开发了量表,针对北京的知识密集型服务企业进行了具体的调研,并通过结构方程模型对知识能力各要素间的关系以及知识能力与企业成长之间的关系进行了具体的测量。研究涉及的成果包括以下几大部分。

一、知识密集型服务企业发展和理论回顾部分

本书首先通过对知识密集型服务企业发展轨迹、相关研究和知识相关理论的回顾,以期为进一步的深入研究提供可资借鉴的实践和理论基础。具体而言,本书首先在统计数据和相关政策分析基础上对 KIBS 在国内外的发展状况进行了深入的介绍,其次按照究竟什么是知识密集型服务企业以及它的具体范围怎样这一主线对这类企业的零星研究成果进行了具体的回顾。最后对知识的相关理论进行了简单的回顾,主要着重于对经营管理视角的知识相关研究成果进行综述,并在此基础上详细探讨了基于显性知识和隐性知识分类的知识转换和创造过程。

二、知识密集型服务企业成长路径模型的构建

为了创建本书的主要研究框架,在理论回顾的基础上,本书在第三章完成了对研究对象相关概念的构建。

首先对 KIBS 的相关概念进行了具体的界定。在对 KIBS 相关研究成果分析的基础上,给出本书使用的 KIBS 的研究定义,指出知识密集型服务企业是一类针对客户问题提供以知识为基础的解决方案的服务企业,这类服务企业的客户即其服务的对象是各种类型的组织,它与客户之间存在高水平的互动,并在与客户的互动过程中,共同创造客户面临问题的解决方案;在对定义进行具体分析的基础上,利用服务对象和服务的知识含量两个维度对研究对象涵盖的具体范围进行了宏观的界定,具体分析了 KIBS 涉及的主要行业;在对定义和涵盖范围进行界定的基础上,分析指

第七章 研究结论、管理策略和展望

出知识密集型服务企业从整个行业来说具有以下几方面特征：进入壁垒较低，知识和技术含量高，素质员工高，集群性高，产业内部呈金字塔形分布。而其提供的具体服务产品则具有高度专业化和高智力附加值、咨询功能、高度定制化、强烈交互性、非独立性五方面的特征。

在对概念进行界定的基础上，本书分析了 KIBS 的成长路径模型，指出了 KIBS 产生发展的背景，并将 KIBS 的来源具体分为五种类型：创始型、公共服务市场化型、服务功能外部化型、重新定位型和拆分重组型，最后给出了 KIBS 的整体演变趋势，构建了其成长路径模型。模型描述了 KIBS 的成长过程，以及 KIBS、知识库和客户之间的交互和关系演变过程。

三、知识密集型服务企业的流程结构分析

通过案例研究提出知识尤其是知识的储备与运用是 KIBS 核心能力唇齿相依的两大方面。本书首先识别了 KIBS 的知识来源，着重说明客户是 KIBS 知识的重要来源，提出 KIBS 与客户间的交互活动是其进行知识学习和积累的一种特殊方式；指出 KIBS 需要在服务过程的工具化、文档化与服务的定制化战略这两种知识管理战略中做出选择，根据自身的具体情况确立自己的知识管理战略。

本书进而对知识密集型服务企业的核心流程进行深入分析。由分析 KIBS 究竟为客户提供何种产品和服务入手，通过深入分析指出客户购买 KIBS 服务的目的在于获取其专业知识，以弥补自身的知识缺口，指出这种知识缺口的存在是客户引入知识密集型服务企业的直接原因；指出 KIBS 向客户提供的解决方案实际上是由产品、"黑箱服务"和知识转移共同构成的，KIBS 要创造高额的价值，就必须与客户之间进行高度互动，为客户提供高水平的知识转移，而这种知识转移需要相应的流程来支持。这种知识转移过程包括"获取客户知识信息"、"知识整合"、"提供知识服

知识密集型服务企业的知识能力研究

务"和"获取新知识"四个过程，是知识密集型服务企业为其客户提供服务、实现知识转移的整个流程，也是知识密集型服务企业的核心流程。笔者在核心流程分析的基础上，提出了 KIBS 的知识创新体系模型，它由 KIBS、客户群组、外部知识源三大要素组成，其中客户群组是知识创新体系的重要参与方，外部知识源包括供应商、竞争者和互补者，是知识创新体系的重要协作方。这一知识创新体系具体说明了 KIBS 在为客户提供服务过程中如何通过与价值网络中其他参与者之间的合作，不断进行自身的知识储备和更新，保持其竞争优势。

四、对知识密集型服务企业知识能力的分析

（一）吸收能力内部要素间关系的研究结论

企业的知识基础会对其知识获取能力和知识内化能力产生正向影响，知识密集型服务企业的知识基础是提升其吸收能力的核心要素。为了提升整体的知识吸收能力，提升竞争优势，必须强化自身的知识存量。

另外，虽然知识基础虽然对企业成长没有直接影响，却可以通过结构性创新能力要素这一中介变量对其产生间接影响。

（二）KIBS 的吸收能力与知识创新能力间关系的研究结论

KIBS 的吸收能力在很大程度上会对企业的创新能力产生影响，KIBS 要在市场竞争中保持领先地位，提供创新服务过程，要关注企业的知识吸收能力。KIBS 可以通过提升知识管理水平，构建规范的知识共享机制来提升创新能力。

五、知识密集型服务企业知识能力水平与企业成长间关系的研究结论

知识密集型服务企业的知识能力水平会对其成长产生重要影响。要特别关注服务成果的总结归纳管理以及服务过程的创新性，这两方面要素会对企业的比较优势会产生至关重要的影响,是贡献最大的要素。而结构性创新要素和服务过程中的交互式知识获取方式则会直接影响到企业的成长潜力。

六、本书的创新点

本书的创新点主要体现在以下几个方面。

(1) 结合 KIBS 的行业特点,创新性地将战略成长理论中的知识论、服务管理中的服务传递等理论引入 KIBS 的研究中,从服务管理和知识管理的角度审视 KIBS 的内部流程,提出符合此类企业特征及发展状况的知识能力分析维度,在理论上有一定的创新性,并对此类企业的发展成长起到一定的促进意义。

(2) 吸纳战略管理和知识管理的相关研究成果,运用理论分析和质性分析的方法,构建了包含知识能力、创新能力、吸收能力及成长潜力、比较优势等多个变量,反映知识能力与其前置因素和后向结果之间关系的概念性模型,为本书的研究奠定了理论框架,为 KIBS 的知识能力研究开拓了思路。

(3) 构建了一个比较新的研究视角:与现有 KIBS 研究多集中于宏观和中观层面的外部效应不同,本书将研究视角转向更微观层面的企业内部,从知识创新和吸收能力入手探索 KIBS 知识能力的测度问题,并在此基础上分析其成长问题,这不仅对 KIBS 的研究思路有所突破,而且与 KIBS 的发展现状和实践要求相符,具有一定的创新性和实际应用价值。

第二节 促进知识密集型服务企业成长的管理策略和建议

为促进北京市知识密集型服务企业的进一步发展，提升其知识能力和竞争优势，促进企业成长，我们在前期研究结论的基础上，对知识密集型服务企业的管理提出以下建议。

第一，知识密集型服务企业构建竞争优势的关键在于其知识能力的提升，而非低价策略。

知识密集型服务企业的竞争优势来源于其知识能力，特别是关注服务过程中的知识转移。然而，在与国外同类企业的竞争中，北京KIBS普遍存在着知识水平相对较低、规模较小、效率低下且停留于价格层面的竞争等一系列问题。低价策略特别不利于KIBS竞争力的构建，会导致KIBS丧失其高附加价值这一重要特性，阻碍企业成长。

KIBS主要强调针对客户问题提供以知识为基础的解决方案，与客户之间存在着高度互动，在为客户提供服务的过程中，会通过与客户之间的交互作用来提供包含相关知识、技术乃至设备的整体解决方案。因此，KIBS的服务过程实质上是一个半中介类过程，它与客户、供应商、竞争者乃至互补者在知识、产品和服务方面往往都存在大量的交互关系，企业之间的竞争与合作关系极为复杂。KIBS可以通过对高交互所带来的外部效益的利用来提升其知识能力，进而促进自身成长。

KIBS的服务成效如何依赖于对隐性知识的获取和传播效果。而隐性知识往往附着于人或组织结构内部，这使隐性知识的传播主要依赖面对面的传授与学习。对KIBS来说，这种知识的传递则需要通过专业人员与客

第七章 研究结论、管理策略和展望

户之间大量的交互活动来实现，强化对客户信息的系统分析能力和从外部获取知识的能力，并需要从流程层面构建符合自身定位的知识管理策略。

第二，利用吸收能力的构成要素分析，从多个维度来强化知识密集型服务企业的吸收能力。

本书通过调查问卷和数据分析验证了知识密集型服务企业的吸收能力内部各个维度之间的关系，以及吸收能力各个维度与企业成长之间的关系。在知识密集型服务企业吸收能力的构成维度中，知识基础起到了关键作用。

为了提升整体的知识吸收能力，提升竞争优势，首先必须强化 KIBS 自身的知识存量，提升企业的知识基础。KIBS 的服务过程依赖于知识员工，尽可能获取高素质和高知识水平的员工，并在日常工作过程中加强员工培训，促进员工知识更新。此外，企业需要在服务过程的工具化、文档化与服务的定制化战略这两种知识管理战略中做出选择，根据自身的具体情况确立自己的知识管理战略，构建知识管理制度和流程。

在提升知识含量的基础上，企业还需要进一步提升其知识获取能力，即加强企业与外部知识来源之间的沟通交流。KIBS 作为一种独立的知识来源，可以与传统的知识来源在创新系统中彼此合作、相互融合。企业要加强与各种知识来源的联系，通过在日常经营中经常引入外部专家或机构开展合作，建立有利于知识转移和促进创新的知识系统，争取获取更多新知识。

强化知识内化能力则需要建立企业内部的知识交流和共享机制，鼓励企业内部员工之间的沟通和知识共享，建立规范的资料共享管理机制，并尽可能建立符合企业需求的知识交流平台。

第三，适度创新，通过多种途径促进知识密集型服务企业创新能力的提升。

知识密集型服务企业多数规模较小，自身的创新能力有限，其创新过程主要来自于对外部创新知识的整合，受规模限制，企业不宜盲目强调自我创新，而应关注于创新性的知识应用。KIBS要为客户提供创新性的服务，首先应该通过加强知识管理流程提高自身的知识吸收能力。

本书将 KIBS 的创新能力分为结构性创新和运营性创新两方面。结构性创新与 KIBS 的成长潜力和比较优势都存在正相关关系。同时，结构性创新受到企业知识基础的影响。企业的知识基础如果比较薄弱，会对其整体吸收能力产生很大影响，同时也很难实现对外部知识的创新应用。企业需要强化对竞争者的关注，积极了解专业服务发展的创新趋势，注重引入新技术或新产品，拓展新的服务领域，同时鼓励员工的创新思想和创新行为。而运营性创新则更多地影响到企业的比较优势，并受到知识获取能力和内化能力的影响。知识内化能力和运营性创新之间相关度极高，因此 KIBS 可以通过提升知识管理水平、构建规范的知识共享机制来提升创新能力。

第三节 研究局限和后续研究建议

知识密集型服务企业在当今中国是一个新兴研究领域，尽管本书得出了一些较有意义的结论，但是由于人力、物力和时间，以及研究者自身水平的限制，在研究过程中尚存在很多不足和局限，需要在未来研究中加以改善，并进一步深化。

一、研究成果的一般性问题

本书的前半部分均为理论构建研究，而不是理论验证研究，采用的是案例研究和扎根理论的部分思想，这不可避免地存在研究者的主观性和随意性，不可能完全摒除研究者的主观偏见，[①] 在今后的研究中可以进一步采用定量的方法对本书提出的许多结论进行理论验证，进行进一步的实证研究，这对于提高本书研究结论的理论价值和实践价值都具有很重要的意义。

二、问卷调查的样本数量

笔者花费了大量的时间和精力进行问卷调查，但是由于企业层面的调查数据收集难度较高，分析的有效调查问卷只达到153份，虽然达到了应用结构方程方法的基本要求，但是为了更好地进行分析，在未来研究中要进一步扩充样本数量。

三、问卷发放的范围

本书只局限于北京市的范围来发放问卷，并且集中于北京城区CBD和中关村附近的写字楼，因此研究收集的数据可能带有一定的地域特征，这有可能对于研究结论产生一定的影响。在未来的研究中，采取更大范围内的调查将提升研究结论的解释力和普及力度。

四、变量测定

由于吸收能力和创新能力的定量测量缺乏统一成熟的量表，本书对维度的划分和题项额设立主要是基于国内外相关领域的现有成果，采用5级量表，获得主观评价。尽管对于量表进行了信度和效度的检测，但这种主观评价方法仍可能影响数据乃至研究结论的准确性和可靠性。在未来的研究中，可以进一步提高量表的质量水平。

[①] 孙海发、朱莹楚：《案例研究法的理论与应用》，《科学管理研究》，2004年第1期，第116页。

五、分组的划分测定

由于只获得了 153 份有效调查问卷，在研究中无法根据企业所处的行业或者经营年限来进行组之间的判别分析。因为 KIBS 包含的行业类型众多，不同行业间在技术含量和服务的交互程度方面存在着明显的差别，把所有数据作为一组进行研究可能会对研究结果产生一定的影响，忽视了不同类别间的差异性。未来的研究可以考虑分析在不同的知识能力要素分布及表征状态下企业的成长状况差异，进一步探寻知识能力与企业成长路径选择之间的相互关系，并了解在不同行业间知识能力与企业成长之间的关系是否存在显著差异，从而为确定 KIBS 成长路径选择策略提供依据。

本书对知识密集型服务企业的知识能力和企业成长间的关系进行了理论探讨，实证研究是基于北京目前特定情况下的理论验证，其中包括吸收能力相关维度和创新能力相关维度间的关系推理与实证。这对知识密集型服务企业提升自身知识能力、促进企业成长可能做出了一定的贡献。但是由于条件和能力限制，仍然存在着很多需要改进的地方，这有待于在以后的研究中进行深入探讨。总之，本书仅是该研究领域的一篇抛砖引玉之作，其中的很多内容尚显粗糙，研究不够深入，有待后续研究做进一步的探索与完善。

附 录

关于"知识密集型服务企业知识能力及企业成长"的问卷调查

尊敬的先生/女士:您好!感谢您拨冗参与本问卷调查!

  我们是首都经济贸易大学的学生,目前参加有关知识密集型服务企业知识能力课题的研究工作。本问卷旨在调查关于知识密集型服务企业知识能力及企业成长关联性的相关信息,借以对知识密集型服务企业的知识能力理论和企业成长促进因素的相关理论研究进行数理统计支持,目的在于增进对北京市知识密集型服务业发展状况的理解,为提升知识密集型服务企业的知识能力水平和竞争优势提供理论支撑,希望能够得到您的大力支持。如果您对研究分析结果有兴趣,请在本页下方填写您的电子邮件,我们十分愿意将本研究的最终成果提供给贵方参考。

  本问卷采用匿名方式填写,贵公司与您提供的信息会受到严格管理使用,绝不涉及任何商业用途,完全服务于学术研究,我们保证遵守调查道德,对您填写的信息进行严格保密,请您不要有任何顾虑。在回答下列问题时,如不能得到精确数据,请您尽量做到较为准确的估计。您的合作对

知识密集型服务企业的知识能力研究

本研究意义重大,为耽误您的宝贵时间表示歉意,感谢您的合作与支持!

首都经济贸易大学工商管理学院
"知识密集型服务企业知识能力与企业成长研究"项目组
2012 年 5 月

一、企业基本信息

企业名称:_____

企业地址:_____邮编:_____

填表人:_____职位:_____

行业类型:□管理咨询　□会计师事务所　□律师事务所　□工程咨询　□IT 服务　□其他

企业员工数量_____人,本科及以上学历的员工数量_____人

企业的所有制类型:□国有企业　□民营企业　□合资企业　□外资企业

企业成立年限:□一年及以下　□1~3 年　□3~5 年　□5~10 年　□10 年以上

二、问卷内容

请您根据企业实际情况对下面的描述做出判断,并在每个项目后面相应的数字打√。1~5 依次表示从完全不符合向完全符合过渡,分数 3 表示不能确定。

	完全不符合		不能确定		完全符合
(一) 企业吸收能力测度指标					
1. 知识基础					
a11 企业大多数员工具有很高的专业服务水平	1	2	3	4	5
a12 企业的技术专家在同行业具有较高声望	1	2	3	4	5
a13 企业在所属的服务领域有专长	1	2	3	4	5
a14 企业经常通过培训等方式进行知识更新	1	2	3	4	5
2. 知识获取能力					
a21 企业在服务过程中强调与客户之间的沟通	1	2	3	4	5

续表

	完全不符合		不能确定		完全符合
a22 企业经常引入外部专家或机构开展合作	1	2	3	4	5
a23 企业对服务过程有较为健全的管理体系	1	2	3	4	5
a24 企业与供应商、客户保持紧密联系	1	2	3	4	5
3. 知识内化能力					
a31 企业员工知识交流频繁，共享知识的能力很强	1	2	3	4	5
a32 企业注重知识管理强调通过项目提升知识水平	1	2	3	4	5
a33 企业内部具备规范的资料共享管理机制	1	2	3	4	5
	完全不符合		不能确定		完全符合
（二）知识创新能力测度指标					
1. 结构性知识创新能力					
b11 企业注重拓展新的服务领域	1	2	3	4	5
b12 企业高层管理者具有很强的创新精神	1	2	3	4	5
b13 员工提出的新想法容易得到管理层的鼓励支持	1	2	3	4	5
b14 企业设立了专门人员或机构搜集各种创新构思	1	2	3	4	5
b15 企业在行业中注重应用新技术或引入新产品	1	2	3	4	5
2. 运营性知识创新能力					
b21 在同行业中企业更倾向于提供创新性的服务	1	2	3	4	5
b22 企业为客户提供服务的方式经常发生变化	1	2	3	4	5
b23 企业服务水平持续提升	1	2	3	4	5
b24 企业能系统了解所属行业服务发展趋势	1	2	3	4	5
b25 企业为客户提供服务的定制化程度很高	1	2	3	4	5
	完全不符合		不能确定		完全符合
（三）企业成长绩效指标测度					
1. 成长潜力					
c11 企业盈利水平呈逐年增长态势	1	2	3	4	5
c12 企业销售额呈逐年增长态势	1	2	3	4	5
c13 企业员工数量呈逐年增长态势	1	2	3	4	5
2. 比较优势					
c21 企业与同行业相比具有相当高的竞争力	1	2	3	4	5
c22 企业的净利润在行业中处于领先地位	1	2	3	4	5
c23 企业市场份额在行业中处于领先地位	1	2	3	4	5
c24 企业人均盈利能力在行业中处于领先地位	1	2	3	4	5

（在小样本调查后，删除了题项 a22、a31 和 b11。）

衷心感谢您的热心参与和积极合作！

如果您对本研究最终的研究成果有兴趣，请留下您的电子邮件地址，我们会将本研究最终的研究结果反馈给您！

您的 E-mail 地址_____

调研员签名：_____

参考文献

[1] Marcela Miozzo and Damian Grimshaw, "Knowledge Intensive Business Services-Organizational Forms and National Institutions", Edward Elgar Publisher, 2006.

[2] Peter Wood, "A Service-Informed Approach to Regional Innovation-Or Adaptation", The Service Industries Journal, Vol.25, No.4, June 2005, pp.429-445.

[3] Tale Skjølsvik Bente R. Løwendahl Ragnhild Kvålshaugen Siw M. Fosstenløkken, "Choosing to Learn and Learning to Choose: Strategies For Clirnt Co-Production And Knowledge Development", California Management Review, Vol.49, No.3 Spring 2007, pp.110-129.

[4] Ian Miles, "Knowledge Intensive Business Services: Prospects and Policies", Emerald Group Publishing Limited, Vol.7, No.6, 2005, pp.39-63.

[5] Mark Freel, "Patterns of Technological Innovation in Knowledge-Intensive Business Services", Industry and Innovation, Vol.13, September 2006, No.3, pp.335-358.

[6] Andreas Koch & Thomas Stahlecker, "Regional Innovation Systems and the Foundation of Knowledge Intensive Business Services. A Comparative Study in Bremen, Munich, and Stuttgart, Germany", European Planning Studies, Vol.14, No.2, February 2006, pp.123-145.

[7] James Simmie and Simone Strambach, "The Contribution of KIBS to

Innovation in Cities: an Evolutionary and Institutional Perspective", Journal of Knowledge Management, Vol.10, No.5, 2006, pp.26–40.

[8] Peter Wood, "The Regional Significance of Knowledge-Intensive Services in Europe", Innovation, Vol.19, No.1, 2006, pp.51–66.

[9] Anssi Smedlund and Marja Toivonen, "The Role of KIBS in the IC Development of Regional Clusters", Journal of Intellectual Capital, Vol.8, No.1, 2007, pp.159–170.

[10] Anssi Smedlund, "The Roles of Intermediaries in A Regional Knowledge System", Journal of Intellectual Capital, Vol.7, No.2, 2006, pp.204–220.

[11] Peter Wood, "Urban Development and Knowledge-Intensive Business Services: Too Many Unanswered Questions?", Growth and Change, Vol.37, No.3, September 2006, pp.335–361.

[12] Antonelli, C., "Localized Technological Change", New Information Technology and The Knowledge-based Economy, 1998.

[13] Center for Urban and Regional Development Studies in Association with Bradley Research, "Knowledge Intensive Business Services in the North East of England", Service Network, 2002.

[14] Emmanuel Muller, "Innovation Interactions between Knowledge-intensive Business Services and Small and Medium-sized Enterprises Analysis in Terms of Evolution, Knowledge and Territories, New York: Physica-Verlag, 2001.

[15] Emmanuel Muller, Andrea Zenker, "Business Services as Actors of Knowledge Transformation and Diffusion: Some Empirical Findings on the Role of KIBS in Regional and National Innovation Systems", Institute Systems and Innovation Research, 2001, pp.1501–1516.

[16] Erland S. "Knowledge Intensive Business Service: A Second Na-

tional Knowledge Infrastructure?", STEP Group, Oslo, 1998.

[17] Haukness, J., "Service in Innovation-Innovation in Services", SI4S Final Report, STEP Group, 1998.

[18] Hertog, P. D. and Bilderbeek, R., "The New Knowledge Infrastructure: The Role of Technology-based Knowledge-Intensive Business in National Innovation System", Service and the Knowledge-based Economy, 1998, pp.222-246.

[19] Hertog, P. D., Bilderbeek, R., "Innovation in and through Knowledge Intensive Business Services in the Netherlands", TNO-report STB/98/03, 1997.

[20] Hertog, P. D., "Knowledge-Intensive Business Services as Co-Producers of Innovation", International Journal of Innovation Management, December, 2000, pp.491-528.

[21] Johan Hauknes, "Knowledge Intensive Services-What Is Their Role?", OECD Business and Industry Policy Forum, 28 September, 1999.

[22] Katsoulacos, Y. and Tsounis, N., "Knowledge-intensive Business Services and Productivity Growth: the Greek Evidence", Services and the Knowledge-based Economy, 1998, pp.192-208.

[23] Lee K. R., "Knowledge Intensive Service Activities in Korea's Innovation System", OECD Report, 2003.

[24] Miles, Ian., "Services Innovation: Coming of Age in the Knowledge-based Economy", International Journal of Innovation Management, Vol.4, 2000, pp.371-389.

[25] Miles, Ian., Kastrinos, N., Flanagan, K., Bilderbeek, R., Hertog, P., Huntink, W. and Bouman, M., "Knowledge-intensive Business Services: Users, Carriers and Sources of Innovation", Innovation Programmer, March, 1995.

[26] Skogli E., "Knowledge Intensive Business Services: A Second National Knowledge Infrastructure", STEP Group, Oslo, 1998.

[27] Strambach S "Innovation Processes and the Role of Knowledge-intensive Business Service", Innovation Networks-concepts and Challenges in European Perspective, pp.53-68, 1996.

[28] SI4S 项目简介，曼彻斯特大学网站，http://les.man.ac.uk/PREST/Research/si4s.html，2004年11月18日。

[29] 魏江、Mark Boden 等：《知识密集型服务企业与创新》，科学出版社2004年版。

[30] 魏江、胡胜蓉：《知识密集型服务企业创新范式》，科学出版社2007年版。

[31] 刘顺忠：《知识密集型服务企业在知识系统中作用机理研究》，科学出版社2008年版。

[32] 李红：《知识密集型服务企业集群研究述评》，《科学管理研究》，2005年12月，第85~88页。

[33] 蔺雷、吴贵生：《服务创新》，清华大学出版社2003年版。

[34] 魏江、陶颜、王琳：《知识密集型服务企业的概念与分类研究》，《中国软件学》，2007年第1期，第33~41页。

[35] 徐建敏、任荣明：《知识密集型服务企业的知识转移与创新》，《河北科技大学学报》，2007年第28卷第1期，第66~69页。

[36] 徐建敏、任荣明：《从成功案例看知识密集型服务企业创新类型》，《北京理工大学学报》（社会科学版），2007年第9卷第5期，第69~72页。

[37] 魏江、朱海燕：《集群创新系统的创新桥梁：知识密集型服务企业》，《浙江大学学报》（人文社会科学版），2007年第37卷第2期，第52~60页。

[38] 许强、高汝熹：《知识密集型产业的运行机理和发展规则》，《探

索与争鸣》，2007年10月，第51~53页。

[39] 许强：《知识密集型产业评价指标体系和定量模型构建》，《商业时代》，2007年第33期，第103~104页。

[40] 张丹宁、杜晓君：《知识密集型服务企业在中小企业集群知识创造中的功能分析》，《东北大学学报》（社会科学版），2007年第9卷第3期，第228~232页。

[41] 徐琦：《知识密集型制造业与高技术服务业互动发展研究》，《商业研究》，2007年总第362期，第30~32页。

[42] 邓志能：《创新系统视角下的知识密集型服务企业国际化能力形成》，《科技管理研究》，2007年第8期，第208~210页。

[43] 王琳、魏江：《客户互动对新服务开发绩效的影响——基于知识密集型服务企业的实证研究》，《重庆大学学报》（社会科学版），2009年第15卷第1期，第35~41页。

[44] 魏江、王琳、胡胜蓉、陶颜：《知识密集型服务创新分类研究》，《科学学研究》，2008年第26卷增刊（上），第195~241页。

[45] 冯只浚、于丽英：《知识密集型服务创新与现代服务外包》，《中国软科学》，2007年第10期，第1~29页。

[46] 魏江、王铜安、陆江平：《知识密集型服务企业创新组织结构特征及其与创新绩效关系实证研究》，《管理工程学报》，2009年第3期，第103~110页。

[47] 魏江、胡胜蓉、袁立宏、钟宪文：《知识密集型服务企业与客户互动创新机制研究：以某咨询公司为例》，《西安电子科技大学学报》（社会科学版），2008年第18卷第3期，第14~22页。

[48] 曹兴、李佳：《高科技企业发展特征、影响因素及其环境分析》，《中国软科学》，2003年第7期，第58~63页。

[49] 史虹：《管理咨询企业的成长要素研究》，河海大学博士学位论文，2006年。

[50] 党兴华、贺利平、王雷：《基于典型相关的风险企业控制权结构与企业成长能力的实证研究》，《软科学》，2008年第22卷第4期，第136~144页。

[51] 陈琦：《基于技术核心能力的高技术企业成长机理及其模式研究》，中南大学博士学位论文，2009年。

[52] 林莉、周鹏飞：《基于知识联盟的高技术企业成长机制与策略》，《科技管理研究》，2007年第12期，第232~234页。

[53] 周立新、黄洁：《家族企业网络化成长模式的主要影响因素及机制：基于中国东西部地区的实证研究》，《南开管理评论》，2008年第11卷第4期，第12~19页。

[54] 戴晓鸣、左飞：《科技型中小企业成长要素构成研究》，《大连干部学刊》，2008年第24卷第1期，第35~38页。

[55] 雷卫：《民营企业家能力与企业成长关系的实证》，《统计与决策》，2012年第19期，第183~185页。

[56] 贺晓刚、李新春：《企业家能力与企业成长：基于中国经验的实证研究》，《经济研究》，2005年第10期，第101~111页。

[57] 张焕勇：《企业家能力与企业成长关系研究》，复旦大学博士学位论文，2007年。

[58] 杨文斌：《企业能力与企业成长指标体系设计》，《商业时代》，2006年第29期，第38~39页。

[59] 王庆金、王洪江、王炬香、王环：《企业营销力与企业成长关系的实证研究》，《科学技术与工程》，2008年第2期，第504~508页。

[60] 王钦、贺俊：《我国企业成长力分析的理论基础和指标体系构建》，《经济管理》，2008年第10期，第90~96页。

[61] 许强：《知识密集型产业评价和发展研究》，复旦大学博士学位论文，2007年。

[62] 吕一博：《中小企业成长的影响因素研究》，大连理工大学博士

学位论文，2008年。

[63] 李随成、张哲：《中小企业知识资本与企业成长》，《统计与决策》，2007年1月（理论版），第121~124页。

[64] 崔志、于渤、崔崑：《企业知识吸收能力影响因素的实证研究》，《哈尔滨工业大学学报》（社会科学版），2008年第10卷第1期，第127~132页。

[65] 吴伯翔、阎海峰、关涛：《本土企业吸收能力影响因素的实证研究》，《科学进步与对策》，2007年第24卷第8期，第110~113页。

[66] 周培岩、葛宝山、陈丹：《公司创业视角下企业知识吸收能力与绩效关系研究》，《情报科学》，2008年第26卷第10期，第1576~1579页。

[67] 黄本新：《关于企业吸收能力的国外研究文献述评》，《科技进步与对策》，2007年第24卷第8期，第214~216页。

[68] 王雎、罗珉：《基于关系性吸收能力的合作创新研究》，《科研管理》，2008年第29卷第1期，第14~20页。

[69] 王晓杰：《基于双层结构的知识吸收能力影响因素研究》，《科技进步与对策》，2008年第25卷第5期，第11~14页。

[70] 张韬：《基于吸收能力的创新能力与竞争优势关系研究》，《科学学研究》，2009年第27卷第3期，第445~451页。

[71] 徐二明、陈茵：《基于知识转移理论模型的企业知识吸收能力构成维度研究》，《劳动经济与人力资源》，2008年，第108~113页。

[72] 宋之杰、孙其龙：《技术创新型企业研发投资的三阶段博弈——基于吸收能力的观点》，《管理工程学报》，2009年第1期，第112~138页。

[73] 高展军、李垣：《企业吸收能力研究阐述》，《科学管理研究》，2005年第23卷第6期，第66~69页。

[74] 崔志、于渤、郝生宾：《企业知识吸收能力对竞争优势影响的实证研究》，《工业技术经济》，2007年第26卷第11期，第29~34页。

[75] 徐二明、张晗：《企业知识吸收能力与绩效的关系研究》，《管理

学报》，2008年第5卷第6期，第841~848页。

[76] 刘亚军：《企业智力资本、吸收能力及创新文化对技术创新绩效的影响——基于制造业的研究》，天津大学博士学位论文，2010年。

[77] 邹艳、张雪花：《企业智力资本与技术创新关系的实证研究——以吸收能力为调节变量》，《软科学》，2009年第23卷第3期，第71~75页。

[78] 王立生：《社会资本、吸收能力对知识获取和创新绩效的影响研究》，浙江大学博士学位论文，2007年。

[79] 李西垚、张晓炜、刘衡：《外包中知识吸收能力的影响因素分析》，《科技进步与对策》，2009年第26卷第5期，第110~113页。

[80] 王雎：《吸收能力的研究现状与重新定位》，《外国经济与管理》，2007年7月第29卷第7期，第1~8页。

[81] 宁东玲、吴远巍：《吸收能力的影响因素分析及对策》，《技术经济与管理研究》，2007年第1期，第98~99页。

[82] 曹菲菲、范水清：《影响企业知识吸收能力因素分析》，《山西综合经济》，2006年4月，第45~46页。

[83] 陈艳艳：《知识吸收能力与企业技术能力——基于中国企业的研发投入产出路径研究》，经济科学出版社2009年版。

[84] 陈晓静：《组织学习方式对隐形知识创新的影响——来自中国企业的实证研究》，《科学学研究》，2009年第27卷第2期，第262~268页。

[85] 周劲波、黄胜：《社会资本与知识创新间关系的实证研究框架》，《科学学与科学技术管理》，2009年3月，第111~116页。

[86] 阳志梅：《基于知识网络与企业知识能力的高技术集群企业成长研究》，中南大学博士学位论文，2009年。

[87] 周敏：《面向业务流程的企业知识创新研究》，吉林大学博士学位论文，2008年。

[88] 刘璐：《企业外部网络对企业绩效影响研究：基于吸收能力视角》，山东大学博士学位论文，2009年。

[89] 林山、蓝海林、黄培伦：《现代企业知识创新研究评述》，《科技管理研究》，2005 年第 6 期，第 46~48 页。

[90] 宁烨、樊治平：《知识能力的构成要素：一个实证研究》，《管理评论》，2010 年第 22 卷，第 96~103 页。

[91] 宁烨、樊治平：《知识能力的内涵与特征研究》，《科学学与科学技术管理》，2008 年 5 月，第 80~85 页。

[92] 尹彦：《知识型企业知识创新演化模型及其评价研究》，天津大学博士学位论文，2011 年。

[93] 马宏建：《中国高技术企业知识管理能力与绩效研究》，复旦大学博士学位论文，2005 年。

[94] 朱晓青、寇静：《北京现代服务业的现状与发展路径研究》，经济管理出版社 2011 年版。

图书在版编目（CIP）数据

知识密集型服务企业的知识能力研究/陶峻著. —北京：经济管理出版社，2013.8
ISBN 978-7-5096-2644-3

Ⅰ.①知… Ⅱ.①陶… Ⅲ.①服务业—研究 Ⅳ.①F719

中国版本图书馆 CIP 数据核字（2013）第 214033 号

组稿编辑：张永美
责任编辑：张永美
责任印制：杨国强
责任校对：超　凡

出版发行：经济管理出版社
　　　　　（北京市海淀区北蜂窝 8 号中雅大厦 A 座 11 层　100038）
网　　址：www.E-mp.com.cn
电　　话：(010) 51915602
印　　刷：北京京华虎彩印刷有限公司
经　　销：新华书店
开　　本：710mm×1000mm/16
印　　张：11.5
字　　数：153 千字
版　　次：2013 年 8 月第 1 版　2013 年 8 月第 1 次印刷
书　　号：ISBN 978-7-5096-2644-3
定　　价：39.00 元

·版权所有　翻印必究·
凡购本社图书，如有印装错误，由本社读者服务部负责调换。
联系地址：北京阜外月坛北小街 2 号
电话：(010) 68022974　　邮编：100836